T0329447

Une Jeune Femme sur un Bateau Ivre :

Agathe Uwilingiyimana du Rwanda

Innocent Butare

Langaa Research & Publishing CIG
Mankon, Bamenda

Publisher
Langaa RPCIG
Langaa Research & Publishing Common Initiative Group
P. O. Box 902 Mankon
Bamenda
North West Region
Cameroon
Langaagrp@gmail.com
www.langaa-rpcig.net

Distributed by African Books Collective
orders@africanbookscollective.com
www.africanbookscollective.com

ISBN-10: 9956-550-33-7

ISBN-13: 978-9956-550-33-3

Remerciements

À tous ceux et celles qui m'ont, à quelque niveau que soit, apporté leur concours dans la rédaction de cet ouvrage, je dis merci du plus profond de mon cœur.

Je suis particulièrement reconnaissant envers les personnes qui ont accepté de m'accueillir chez elles et ont patiemment subi de longues séances d'entretien, celles qui m'ont introduit auprès de personnes ressource dont j'ignorais l'existence ou la localisation, celles qui ont relu, critiqué, corrigé ou édité le manuscrit. S'il y a des erreurs de dates ou de jugement, il va de soi qu'elles sont de mon fait et je m'en excuse d'avance auprès de mes informateurs et de mes lecteurs.

*Il m'arrive de rêver à ces années où j'avais des idées, des
certitudes et la foi. Aujourd'hui, toute vérité me suggère
son contraire. Toute affirmation est une folie.*
Beyala, 1999, p. 251

*Je veux aller de l'avant, mais je me retrouve toujours à
regarder en arrière, à fouiller un passé lointain
qu'estompent tous les évènements survenus depuis, des
évènements tyranniques qui occupent le premier plan et
dictent les actes de la vie ordinaire. Pourtant, quand je
regarde en arrière, je vois certains objets briller d'un éclat
malveillant, et chaque souvenir saigne. C'est un lieu
austère que celui de la mémoire, un entrepôt sinistre et
désolé aux planchers pourrissants, aux échelles rouillées,
où l'on passe parfois du temps à fureter parmi les
marchandises abandonnées.*
Gurnah, 2006, p. 116

Commençons par la fin

Fin tragique avant l'apocalypse. Un certain 7
avril 1994, au petit matin, je m'efforce avec
beaucoup de peine à fermer l'œil. La nuit a été
longue et angoissante. Discussions interminables
avec mon grand frère Jean Kalinijabo[1], visiblement
ravi par la terrible nouvelle de la mort du Président
Habyarimana. La veille au soir, l'avion présidentiel
a été touché par un missile pendant qu'il amorçait
les manœuvres d'atterrissage à l'aéroport

---

[1] Ancien officier dans les Forces armées rwandaises (FAR)
mais devenu sympathisant et propagandiste du Front
patriotique rwandais (FPR), il sera condamné à mort pour
collaboration avec ce Front en 1991 puis gracié avant d'être
tué en avril 1994, ainsi que sa femme et leurs deux enfants.

international de Kanombe, à une dizaine de kilomètres de la ville de Kigali. D'après lui, Habyarimana n'a eu que ce qu'il méritait. Il a semé le vent et récolté la tempête.

Après de courts instants d'euphorie, mon frère s'engage dans des supputations sur l'avenir du pays suite à cette disparition inattendue du Président de la République. La plupart du temps, il s'agit d'un monologue au lieu d'un véritable échange. « Y a-t-il quelqu'un d'autre ou un groupe d'officiers progressistes et courageux capables de tenir la barre et d'empêcher le bateau Rwanda, déjà ivre, de chavirer et sombrer dans l'abîme ? L'avenir du pays n'est-il pas juché sur des épaules de nains ? » Il ne semble pas avoir une bonne opinion des officiers des Forces armées rwandaises (FAR) et de l'armée gouvernementale en général. Son appréciation est-elle fondée ou est-ce parce qu'il en a été chassé, il y a plusieurs années ? « La victoire du Front patriotique rwandais (FPR) sera-t-elle rapide pour remettre les choses en ordre ? Quelle stratégie adopter sur les plans individuel et familial pour ne pas être emporté par la tourmente qui s'annonce inéluctable ? Comment survivre sur ce navire à la dérive et sans commandant » ?

À mon interrogation de savoir pourquoi il pense spontanément aux militaires pour prendre la situation en main, il me répond avec étonnement. La situation est très grave pour être confiée à de petits joueurs. Je le laisse au salon et vais m'étendre sur le lit. Ai-je dormi ou pas. Je ne sais. J'entends mon frère qui m'appelle.

— Innocent, Innocent, viens, viens vite, ton amie Agathe parle sur RFI (Radio France internationale). Elle dit qu'elle est assiégée par des tueurs enragés. Sa voix exprime une extrême détresse[2]. Les salauds.

Je sens mon cœur se serrer. Je me précipite au salon mais l'interview est terminée. Je demande à mon frère de me répéter calmement ce qu'il a entendu. Des saccades de nausée acide remontent mon œsophage et remplissent ma bouche. Je fuis dans les toilettes pour vomir. Me voilà réveillé pour de bon et embourbé dans des réminiscences que j'essaie d'ordonner en vain.

Triste jour pour le Rwanda et ses habitants. En l'espace de quelques heures, le pays se retrouve décapité, sans président de la République et sans premier ministre. L'ancien simulacre de parlement, appelé Conseil national pour le développement (CND) a été mis en congé, le Conseil des ministres n'a plus siégé depuis des lustres, l'armée n'est plus une armée digne de ce nom, les institutions religieuses ne sont plus que des rassemblements hétéroclites de personnes ayant abjuré leur foi pour la remplacer par le fétichisme ethnique. Même un pays doté d'institutions fortes survivrait difficilement à ce genre de cataclysme. Qu'en sera-

---

[2] Interrogée par la journaliste Monique Mas, Agathe aurait dit « On tire. On est terrorisé. On est à l'intérieur des maisons. On est couché par terre. Nous sommes en train de subir les conséquences de la mort du chef de l'État, je pense. Nous, les civils, nous n'y sommes pour rien, pour ce qui concerne la mort de notre chef de l'État ». Vanadis et Deldique, 2006, p. 10.

t-il dans un pays pauvre dévasté par quatre années de guerre et de terrorisme, déchiré par des luttes intestines intenses et variées, ravagé par des hordes de jeunes bandits à la solde d'apprentis politiciens, réduit à la misère par la crise économique et les politiques d'austérité ?

Un petit pays plein de déserteurs de guerre qui louent leurs armes aux malfaiteurs quand ils ne mettent pas eux-mêmes le doigt sur la gâchette.

Un petit pays dans lequel un million de déplacés, soit près de 16% de la population, s'entassent à moins de dix kilomètres de la capitale Kigali et survivent misérablement grâce aux aides humanitaires et à la mendicité. Cette multitude de cadavres ambulants empêtrés dans la misère la plus crasse, massée dans de petits baraquements insalubres appelés « blindés », par dérision, fait trembler de frisson. C'est probablement l'endroit de la terre où la densité de microbes et autres parasites nuisibles à l'homme est la plus élevée au mètre carré. À chaque heure qui passe, des cadavres d'enfants, de vieillards et autres personnes vulnérables se ramassent à la pelle pour être convoyés vers de minuscules trous creusés à la hâte.

Kigali est peuplé de gens démoralisés, vivant sous la pression permanente des milices de toutes sortes, véritables pépinières d'entreprises criminelles et d'associations de malfaiteurs de tout acabit. Ville dans laquelle, les explosions de mines et de grenades sont devenues si fréquentes que les gens s'y sont habitués. Agglomération dans laquelle la vie d'un être humain vaut moins cher qu'une kalachnikov. Où la barbarie s'est « ordinarisée ». De même que l'obscurité. L'électricité n'est accordée que deux ou trois heures par jour, et encore quand on la chance d'habiter un quartier dit « cadastré ou viabilisé ». Les robinets d'eau sont à sec, la plupart du temps. Avec l'égoïsme qui la caractérise, la petite bourgeoise kigaloise se plaint de cette régression, sans voir les malheurs dans lesquels le reste de la population se débat. L'atmosphère est asphyxiante. Ce petit pays est pris dans une tempête infernale qui l'entraine vers le néant.

Pourquoi ont-ils assassiné Agathe ? Qui a commis cette abomination ? Quel individu ou groupe d'individus a intérêt à faire sombrer le pays dans un tel chaos abyssal ? Un flux incessant de questions tournoie dans ma tête. Les heures passent mais ces pensées malsaines ne me lâchent pas d'une seconde. La situation est inintelligible. La capacité de raisonner s'est émoussée. Elle a fait place aux sentiments d'angoisse et d'impuissance.

Aux environs de 16h, des armes crépitent en provenance de la colline d'en face. Voilà, le début de réponse aux interrogations de la nuit et de la matinée. La guerre ouverte reprend, après quelques mois d'accalmie. Et cette fois-ci, dans Kigali. Les accords de paix d'Arusha, censés mettre fin aux quatre années de guerre, n'auront été qu'un mirage. Le Rwanda s'enfonce dans la folie furieuse et dans le génocide.

Des témoignages oraux et écrits sur l'assassinat d'Agathe sont légion. Mais beaucoup d'interrogations fondamentales subsistent. Au-delà de sa mort, que sait-on de la vie de cette femme forte et déterminée ? Puisque comme dirait Mamadou Mahmoud N'Dongo : « Ce n'est pas la destination qui est importante, c'est l'itinéraire…[3] ». C'est de cet itinéraire que je souhaiterais entretenir le lecteur. Comment par un incroyable enchaînement d'événements, la petite fille de Muhororo (colline de Nyamure, commune de Nyaruhengeri, préfecture de Butare) est devenue Premier ministre et héroïne d'un pays pris dans les rets de l'Histoire. Son épopée rappelle celle d'une autre héroïne rwandaise : Ndabaga wa Nyamutezi mu Bwishaza. La situation est tragique. Le Rwanda est arrivé au bord de la désagrégation et du néant, « chez Ndabaga ». Quand les hommes désemparés appellent les femmes en renfort au combat : *Ibintu byageze iwa Ndabaga.*

Mon but n'est pas de la rendre aimable au lecteur – pourquoi pas au fond –mais plutôt de lui faire découvrir la personnalité singulière de cette femme, peu connue ou mal connue, et qui fut l'une des premières victimes du génocide.

Assassinée sous l'œil des gendarmes rwandais et des Casques bleus de l'ONU

Cette nuit-là
Cette maudite nuit-là
Les portes de l'Enfer
Se sont ouvertes[4]

---

[3] N'Dongo, 2012, p. 369
[4] Maalouf, 2006, p. 81

L'inhumanité de l'homme s'est révélée au grand jour
La machette et la kalachnikov ont rivalisé de férocité
Le sang des innocents a rougi la terre des Mille Collines
Partout les odeurs horribles de chair humaine en
*   décomposition*
Pour le grand bonheur des chacals et des rapaces

La résidence du Premier ministre et des autres hautes personnalités du pays (VIP) est gardée par une unité spéciale de la gendarmerie nationale commandée par le lieutenant-colonel Innocent Bavugamenshi à laquelle se sont ajoutés récemment quelques éléments ghanéens des Casques bleus des Nations unies.

Venant d'apprendre la mort du Président de la République et jugeant la situation sécuritaire préoccupante, le Chef de poste qui gardait la résidence du Premier ministre aurait adressé au lieutenant-colonel une demande de renfort. Ce dernier aurait répondu « que son Unité est dispersée et qu'il ne peut trouver le renfort demandé[5] ». Il aurait recommandé, par contre, de l'évacuer en dehors de la ville. Claudien Ndagijimana, qui était officier gendarme dans cette compagnie chargée de protéger les VIP, a témoigné qu'au matin du 7 avril, après avoir appris que la résidence du Premier ministre était assiégée, ils (lui et son supérieur immédiat) auraient envoyé le lieutenant Mporendore et quelques hommes pour aller l'aider mais qu'ils auraient rebroussé chemin parce qu'ils auraient été empêchés d'atteindre la résidence. Le

---

[5] Ntiwiragabo, 2018, p. 215

témoignage ne dit rien sur l'identité de celui qui les en a empêchés.

Le Chef de poste aurait proposé à Madame le Premier ministre de l'évacuer au-delà de la rivière Nyabarongo, sur la colline Ruyenzi située à 8 kilomètres de la ville sur la route Kigali-Gitarama, d'où elle pourrait suivre par Talkiewalkie la situation dans la ville, sans être en danger[6].

Dans ce qu'il a intitulé le matin des assassins, le colonel Luc Marchal[7] qui a rencontré le chef de l'unité de gendarmerie chargée de la sécurité et la garde de la résidence du Premier ministre écrit : « Innocent Bavugamenshi, commandant de l'Unité de gendarmerie chargée de la protection des VIP, me fait part de ce qui se passe à Kimihurura et me demande d'intervenir pour mettre fin aux exactions de la Garde présidentielle. Il est désemparé, tous ses moyens sont engagés et il ne peut qu'assister, à distance et impuissant, au drame qui se joue[8] ».

La proposition de sortir Agathe de la capitale était-elle sérieuse ? De quelle sécurité pouvait-elle jouir dans un bled dépourvu d'infrastructures de protection, de communication, de ravitaillement ? Comment aurait-elle pu survivre ? N'était-ce pas une action inutile, juste bonne pour se donner bonne conscience ?

---

[6] Ntiwiragabo, 1997, 14 mai
[7] Le colonel Luc Marchal commandait le contingent belge de la Mission des Nations unies pour l'assistance au Rwanda (MINUAR) et était second du général Roméo Dallaire.
[8] Marchal, 2001, p. 226

Finalement une escorte de la Mission des Nations unies pour l'assistance au Rwanda (MINUAR) commandée par le lieutenant Lotin fut envoyée en renfort par le colonel Marchal sur ordre du général Roméo Dallaire, commandant des Casques bleus de ladite mission. Elle serait arrivée à 5h42 du matin[9]. Ainsi, ce sont désormais 25 hommes qui assurent la protection de Madame Uwilingiyimana : 10 gendarmes rwandais[10], 10 Casques bleus belges[11] et 5 Casques bleus ghanéens. Ces effectifs étaient-ils suffisants, compte tenu des circonstances ? Seuls les spécialistes des questions de sécurité pourraient répondre. Mais le doute est permis à en juger par le résultat.

À ce moment précis, la position d'Agathe est centrale et critique pour l'avenir du Rwanda. Cela ne fait aucun doute pour Jacques-Roger Booh Booh, Représentant spécial du Secrétaire général des Nations unies et Chef de la mission de l'ONU au Rwanda. Ce dernier suggère à la délégation des Forces armées rwandaises, conduite par le colonel Bagosora, directeur de cabinet du Ministre de la

---

[9] D'après Sgt. George Aboye qui commandait les militaires ghanéens sur place, le peloton belge serait arrivé plus tôt à 4h30 du matin.

[10] Le colonel Aloys Ntiwiragabo mentionne les noms de Sergent-Major (SM) Gasamaza, chef de poste ; Premier-Sergent (1Sgt) Bahizi, chauffeur de permanence ; et Caporal (Cpl) Uwilingiyimana, sentinelle, parmi les gendarmes qui montaient la garde à la résidence du Premier ministre. Ntiwiragabo, 1997, 20 mai, p. 2.

[11] Commandés par le lieutenant Lotin, ils seraient arrivés le 7 avril vers 3 heures du matin « à bord de trois jeeps Iltis d'escorte ». Ntiwiragabo, 1997, 20 mai, p. 5.

défense, et le lieutenant-colonel Rwabalinda Ephrem, agent de liaison des FAR auprès de la MINUAR, qui vient discuter avec lui de la décision prise de faire diriger le pays par un comité militaire, de plutôt prendre contact avec Madame le Premier ministre et de se mettre à sa disposition.

Dans la même veine, dans la nuit du 6 au 7 avril, le général Dallaire aurait déclaré à la haute hiérarchie de l'armée : « Le Rwanda a encore un gouvernement dirigé par Madame Agathe. Tout va passer sous son contrôle ». Pour lui, Agathe se retrouvait légalement désignée pour prendre la succession du président disparu[12]. Des officiers supérieurs de l'armée et de la gendarmerie auraient approuvé cette position pendant que d'autres, dont le colonel Bagosora, l'aurait rejetée sous prétexte que « les militaires ne prendraient pas contact avec Madame la Première ministre qui avait été rejetée par l'armée, les membres de son propre gouvernement et par le peuple rwandais[13] ». D'après Bernard Lugan, le colonel Bagosora refuse pour quatre raisons qui sont motivées et qui ne reflètent pas une simple antipathie :

- Elle est discréditée ;
- Elle n'a pas les capacités de faire face à la situation ;
- Son gouvernement ne fonctionne déjà pas ;
- Ni le peuple ni l'armée ne l'accepteraient.[14]

---

[12] Dallaire, 2003, p. 290
[13] Booh Booh, 2005, p. 147
[14] Lugan, 2004, p. 154-155

D'après Alison Desforges de l'organisation Human Rights Watch, ce serait cette insistance du général Dallaire qui aurait scellé le sort de Madame Agathe. Effectivement, était-il prudent de proposer à la haute hiérarchie de l'armée et aux militaires dans leur ensemble de se placer sous les ordres du Premier ministre alors que depuis deux jours, les rumeurs courraient comme quoi elle préparait un putsch contre le Président Habyarimana, leur chef depuis toujours ? L'homme qui a toujours commandé l'armée depuis sa création en 1962 et l'a façonnée pendant une trentaine d'années !

Le colonel Marchal affirme qu'à l'issue d'une réunion chez le Représentant spécial, il est ressorti que Madame Agathe allait s'adresser au peuple rwandais vers 5h30. Sa résidence était proche du bâtiment de Radio Rwanda, mais des barrages tenus par les FAR contrôlent l'accès à la Maison de la Radio. Tenter de les franchir équivaut à un suicide assuré d'autant plus qu'« aux environs de 4h30 du matin, le bataillon de reconnaissance (RECCE) est venu renforcer la gendarmerie qui garde habituellement l'immeuble de la Radio. De plus, le Comité militaire de crise, mis en place précipitamment après l'annonce de la mort du Président de la République et du Chef d'État-Major de l'armée, a en effet décidé que, mis à part son communiqué, rien ne devra y être diffusé. Cette interdiction visait tous les politiciens et pas seulement Agathe Uwilingiyimana[15] ».

Deux camps se font face. Madame Uwilingiyimana, Premier ministre en fonction, d'un côté est soutenue par les hauts responsables des Nations unies sur place et le Premier ministre désigné pour la remplacer, Faustin Twagiramungu, qui veulent qu'elle adresse un message à la nation pour montrer que le pouvoir n'est pas vacant ; de l'autre, une partie de la haute hiérarchie militaire s'oppose à toute autre déclaration que la sienne et semble avoir changé de position et adopté la décision de : « tout sauf Agathe ».

Quel message avait-elle ? D'après Jacques-Roger Booh Booh, très tard dans la nuit du 6 au 7 avril, après avoir pris connaissance de l'entretien de ce dernier avec le colonel Bagosora, Agathe :

> …a tout de suite exprimé le souhait de se rendre à la Radio Rwanda. Elle voulait s'adresser au peuple rwandais et l'inviter à observer le calme et à ne pas obéir aux ordres des militaires qui, d'après elle, voulaient s'emparer du pouvoir et installer une dictature militaire. […] Comme la Première ministre cherchait absolument à couper l'herbe sous les pieds des militaires, je lui ai donné le conseil de saisir les grandes agences de presse et les radios internationales par fax ou par téléphone pour donner une interview qui elle, serait aussitôt répercutée dans le monde entier y compris au Rwanda. Elle m'a répondu qu'elle n'avait pas de fax

---

[15] Lugan, 2004, p. 157

à proximité et qu'elle allait voir comment contacter les journalistes étrangers.[16]

Ce conseil était-il avisé ? Agathe est fortement soupçonnée de comploter contre le Président Habyarimana. Celui-ci vient de mourir assassiné. Se mettre à dresser la population contre l'armée n'était-ce pas apporter de l'eau au moulin de ceux qui l'accusaient de complot et de trahison ? Curieusement, A. Desforges ne mentionne pas ce conseil du Représentant spécial du Secrétaire des Nations unies parmi les raisons qui auraient incité les tueurs à régler le compte de Madame Agathe.

Le général Dallaire donne une version plus détaillée :

> La première ministre Agathe a appelé au sujet de son discours radiophonique. J'ai réussi à contacter le directeur de la station de radio du gouvernement au téléphone, et lui ai annoncé que j'accompagnerai la première ministre à la station, d'ici une heure. Il m'a répondu qu'il devait me rappeler, ce qu'il a fait un peu plus tard. Il ne consacrerait du temps d'antenne à Madame Agathe, à la seule condition que la MINUAR assure sa sécurité à lui et celle de sa famille. Je lui ai répondu que j'allais voir comment je pourrais faire ça. Je l'ai joint dix minutes plus tard, mais il m'a alors déclaré ne plus pouvoir rien faire. La garde présidentielle était arrivée et bloquait les portes de la station et ne laissait personne entrer ou sortir. Je lui ai demandé s'il pouvait faire un raccord téléphonique avec la maison de Madame Agathe. Il a murmuré d'une voix anxieuse qu'il ne pouvait absolument rien faire de plus et il a raccroché. J'ai

---

[16] Booh, 2005, p. 150

prévenu Madame Agathe de l'annulation du discours et je l'ai supplié de rester chez elle, protégée par des murs et des soldats belges que j'avais envoyés en supplément. Elle a acquiescé. J'ai compté les hommes désignés pour sa protection : cinq Ghanéens, quelques gendarmes qui lui étaient restés fidèles, plus tous les hommes de Luc [commandant du contingent belge]. À l'heure actuelle, il devait y avoir pas moins de vingt soldats bien armés auprès d'elle. Elle bénéficiait de toute la sécurité que nous pouvions lui offrir.[17]

Vraiment ? La suite des événements a démenti l'appréciation de la situation du général canadien. Pourquoi ne pas avoir pensé à la mettre dans un lieu plus sûr, par exemple au commandement de la MINUAR ou à l'ambassade des USA pour s'adresser au pays et à la communauté internationale ?

Pourquoi Agathe a-t-elle jugé nécessaire de passer par le général Dallaire alors que le Ministre de l'Information, Faustin Rucogoza, et le Directeur de l'Office rwandais d'Information (ORINFOR), Dr Jean Marie Vianney Higiro, de sa tendance politique, auraient pu lui suggérer la meilleure façon de procéder ? Le Premier ministre disposait d'un service de la communication qui était en contact avec le directeur de la Radio Télévision. A-t-elle été en contact avec ce service ? Ses conseillers en communication l'ont-ils lâchée à la dernière minute ? Ou étaient-ils tous absorbés, comme la

---

[17] Dallaire, 2003, p. 300

plupart des gens, à chercher à assurer leur survie et celle de leurs familles ?

Pendant que des hommes, des hauts responsables du pays, cherchaient refuge dans des ambassades et que d'autres tremblaient de peur dans leurs pantalons mouillés, une femme, Agathe, luttait pour aller s'adresser à la nation rwandaise, pour empêcher que des militaires ne prennent pour prétexte l'extrême gravité de la situation pour s'emparer du pouvoir comme ils l'avaient fait en 1973. Pas question de se débiner devant ses responsabilités. Plus que du courage, c'était de l'audace ou plutôt de la témérité.

Mais ceci ne dispense pas de se poser quelques questions. Avec quels outils, quelle force Agathe allait-elle couper l'herbe sous les pieds de militaires ? Les mots auraient-ils suffi dans le contexte de l'époque ? Cette démarche, approuvée et soutenue par les responsables onusiens n'était-elle pas suicidaire ? Le message qu'Agathe voulait faire passer aurait-il eu un impact ? Le doute est permis au vu des divisions et fractures profondes et multiformes qui caractérisaient la société rwandaise et le poids excessif exercé par des acteurs externes n'ayant rien à perdre dans le chaos ambiant.

Au vu également de ses nombreux ennemis. N'ayant pas pu réunir un Conseil des ministres de crise pour dissiper les méfiances, il aurait été difficile que Madame le Premier ministre parle au nom de tous et puisse se faire comprendre. À ce propos Roméo Dallaire écrit : « Madame Agathe a annoncé qu'elle essayait de réunir son cabinet, mais que de nombreux ministres avaient peur et ne voulaient pas s'éloigner de leur famille. Elle a remarqué que tous les ministres des partis *purs et durs* avaient disparu[18] ». Ceci a été confirmé par Twagiramungu qui « a continué à communiquer avec Mme Uwilingiyimana et l'a encouragée à prendre ses responsabilités et à contacter les ministres de son gouvernement. Les gens se cachaient, elle n'a pu en atteindre aucun[19] ».

L'ironie de l'histoire veut que des semaines avant ces moments fatidiques, ces ministres volatilisés lui avaient demandé, à plusieurs reprises, de réunir le cabinet. Et que Madame le Premier ministre les avait ignorés.

À part ne pas obéir aux militaires, qu'avait-elle d'autre à proposer aux Rwandais ? Quelles nouvelles idées allait-elle mettre sur la table ? Quel scénario avait-elle pour ressusciter les institutions désuètes ou mettre en place de nouvelles institutions prévues par les accords d'Arusha ? Probablement aucun, sinon qu'en collaboration avec le Premier ministre désigné (Faustin Twagiramungu), la communauté internationale, les partis politiques, le Front patriotique rwandais, le président de la Cour constitutionnelle (Joseph Kavaruganda), ils allaient poursuivre les efforts pour arriver rapidement à un consensus et éviter au pays de sombrer dans l'enfer. Après la disparition de la pièce maîtresse de ces marchandages, en

---

[18] Dallaire, 2003, p. 289
[19] *Témoignage de Faustin Twagiramungu*, 2007

l'occurrence le Président Habyarimana, y avait-il une chance, fût-elle minime, de sortir de la nasse dans laquelle les acteurs politiques s'étaient piégés. Encore une fois, le doute est permis.

Dans les milieux hutu, en dehors du Rwanda, on entend souvent dire qu'il était prévu qu'après la destruction de l'avion, Agathe Uwilingiyimana prévoyait de faire faire appel aux Américains et autres pays qui étaient au courant du plan de l'assassinat du Président Habyarimana pour neutraliser rapidement les FAR et faire de sorte que le FPR puisse prendre le pouvoir aussitôt que possible. Cette hypothèse serait basée sur le fait qu'à partir du 30 mars 1994, des militaires américains lourdement armés auraient débarqué à l'aéroport de Bujumbura, paraît-il, sans être annoncés et sans autorisation. Pendant que d'autres étaient en stand-by à Kampala en Ouganda, prêts à intervenir. Ce serait ce plan qui aurait été mis en échec par l'interventionnisme du colonel Bagosora et son refus de laisser à Agathe la possibilité d'exercer provisoirement le pouvoir suprême. Réalité ou affabulation ?

À posteriori, la question que l'on peut légitimement se poser est de savoir pourquoi et comment le Premier ministre a attendu plus de huit heures sans piper un mot après l'annonce de la mort du Président de la République ? Pourquoi n'a-t-elle pas pris ses responsabilités pour rassurer le peuple, lui montrer que le pouvoir n'était pas vacant et qu'elle tenait la barre ?

Vu les circonstances exceptionnellement terrifiantes de l'heure, sa première réaction a été d'être tétanisée. Sa deuxième réaction, comme celle de tout être humain était d'abord de penser à la survie de ses enfants et de soi-même. Sa troisième préoccupation était de penser à ses responsabilités politiques à la tête du pays.

D'aucuns pensent que ce retard dans la prise de parole est une indication qu'Agathe avait été prise au dépourvu par l'annonce de la disparition du chef de l'État. Et que par conséquent elle n'y était pour rien. Dans le cas contraire, une déclaration aurait été préparée en avance et les dispositions prises pour sa diffusion. Pendant ce laps de temps, Agathe n'est pas restée inactive. Il y a certainement eu des tractations pour essayer de sauver la situation. Avec qui d'autres, à part les responsables onusiens sur place, le Premier ministre désigné (Faustin Twagiramungu) et son Conseiller aux affaires sociales, éducationnelles et culturelles[20], Ignace Magorane, tué avec elle ?

Personne ne sait. Ou le moment n'est pas encore venu pour que ceux qui savent parlent. Toujours est-il que c'était une situation très périlleuse pour Agathe. Quatre jours après avoir été accusée de vouloir faire un coup d'État et même de comploter contre le Président, il était mal venu que ce soit elle qui annonce son assassinat. Dans la psychosociologie des rwandais, cela aurait été

---

[20] Le Conseiller aux affaires politiques était l'Ambassadeur Tharcisse Nyandwi.

interprété comme se moquer de la famille éprouvée et des partisans du Président en versant des larmes de crocodiles[21]. Mais alors qui d'autre pouvait le faire sans être accusé de mauvaise intention ? Un membre de la famille du Président ? Lequel et en quelle qualité s'adresser à la nation ? Un fidèle du Président au MRND ou dans le gouvernement ? En quelle qualité ? Jacques-Roger Booh Booh ou Dallaire ? C'est cette équation compliquée qu'Agathe eut à résoudre avant de décider de prendre ses responsabilités. Et de jouer le tout pour le tout.

Bernard Lugan estime qu'après la disparition du Président de la République, « suivant une application partielle, restrictive et particulièrement alambiquée des principes d'Arusha, et dans ce cas c'était à Faustin Twagiramungu que le général Dallaire et J.-R. Booh Booh auraient dû demander d'assurer l'intérim en tant que premier ministre, mais certainement pas à Agathe Uwilingiyimana[22] ». C'est à lui qu'incombait la tache de s'adresser à la nation. Les deux hauts responsables de l'Organisation des Nations unies (ONU) ont eu une lecture différente de la situation. Dans ce cas de figure, Agathe aurait-elle pu échapper aux griffes des tueurs alors que d'autres, moins virulents et moins exposés, étaient déjà tombés ? Pas sûr. La folie infernale pour arroser les mille collines du sang de millions d'innocents avait démarré.

---

[21] *Kubakina ku mu byimba.*
[22] Lugan, 2004, p. 87

Ce serait Faustin Twagiramungu qui aurait téléphoné à Jacques-Roger Booh Booh, le Représentant du Secrétaire général des Nations unies au Rwanda, à 1h du matin, pour lui dire qu'il voulait que le Premier ministre Agathe Uwilingiyimana se rende à la Radio Rwanda pour faire un message à la nation[23].

Pourquoi fallait-il absolument qu'elle aille physiquement à la Maison de la Radio pour s'adresser à la nation ? Pourquoi avoir attendu jusqu'à 2h30 pour qu'Agathe prenne l'initiative de téléphoner au directeur de l'ORINFOR pour lui demander d'envoyer un journaliste pour enregistrer cette interview à sa résidence qui devrait paraît-il se faire à 5h du matin ? Pourquoi attendre 5h du matin et ne pas le faire immédiatement ? L'explication fournie par Twagiramungu est la suivante :

> Mme Uwilingiyimana avait été forcée de démissionner en 1993 dans un congrès organisé à mon insu alors que j'étais le Président du MDR. On ne pouvait convoquer un congrès – congrès qui m'a exclu – en l'absence du Président du parti alors qu'il était vivant. Dans une déclaration à la radio, juste après l'hymne national à 5h du matin, Mme Uwilingiyimana a annoncé qu'elle reprenait ses fonctions. 5h du matin, c'était l'heure où beaucoup de Rwandais écoutaient la radio quand elle débutait ses émissions, il était indiqué qu'elle fasse de même cette fois-ci. Pour s'assurer d'être entendue par le maximum d'auditeurs.[24]

---

[23] *Témoignage de Faustin Twagiramungu*, 2007
[24] *Témoignage de Faustin Twagiramungu*, 2007

Explication difficilement compréhensible !

Constatant l'impossibilité d'envoyer un journaliste à la résidence, le directeur de l'ORINFOR aurait téléphoné à Agathe vers 4h20 du matin pour la préparer à faire sa déclaration au téléphone. Pourquoi avoir attendu si longtemps pour une pratique qui était plutôt courante et qui allait de soi vue les circonstances ? Cette interview n'aurait pas eu lieu suite, paraît-il, à un appel anonyme reçu par le chef de service à la Radio, lui enjoignant de ne pas diffuser un quelconque message autre que celui de l'armée. Le mystère reste entier sur l'identité de cet intimidateur. Si intimidation, il y a eu. Sont-ce les pressions de cet hypothétique intimidateur qui aurait obligé le directeur de l'ORINFOR à téléphoner à Agathe à 4h30 pour lui dire qu'il était devenu impossible même de faire une déclaration à la Radio. Le directeur a-t-il essayé de connaître l'identité de cette personne qui usurpait son pouvoir ? D'après les informations disponibles, il ne s'est jamais exprimé là-dessus.

D'après le sergent ghanéen George Aboye, présent à la résidence, quatre Jeeps transportant des militaires belges seraient arrivées entre 4h30 et 5h. Vers 5h du matin, Mme Uwilingiyimana aurait appelé Twagiramungu pour lui dire : « Je ne peux pas aller à la radio, je suis encerclée[25] ».

Entretemps, vers 7h, elle aurait fait savoir au chef de la Mission des Nations unies que des

---

[25] *Témoignage de Faustin Twagiramungu,* 2007

militaires avaient enlevé deux de ses ministres sans indiquer où ils les emmenaient. Jusque-là Agathe « n'a ni formulé une demande d'escorte renforcée, ni souhaité quitter sa résidence pour se réfugier par exemple à la MINUAR. Elle croyait sans doute à tort que son escorte belge pouvait efficacement assurer sa sécurité[26] ».

Après plusieurs tentatives infructueuses pour surmonter les obstacles, Agathe abandonna le combat qu'elle s'était assigné, avec honneur et dignité. Elle réalisa que tout espoir de remettre le pays sur les rails était irrémédiablement perdu.

Vers 7h30, elle a téléphoné au domicile de Twagiramungu pour dire à son épouse : la situation est grave. Ils vont nous tuer. Dis à ton mari de quitter la maison et de chercher refuge ailleurs. Twagiramungu dira de cet appel : « Le dernier appel d'Agathe Uwilingiyimana sera un adieu, après ce sera fini[27] ». Moins de trente minutes après, les tueurs se présentèrent au domicile de Twagiramungu. Ils furent surpris de ne pas le trouver sur place. Il avait pu s'échapper grâce à l'un des gendarmes commis à la garde de son domicile. Originaire du Nord, cet homme avait compris que son devoir de protection des citoyens passait avant le soi-disant antagonisme régional entre politiciens.

Vers 8h40 du matin, l'instinct de survie prit le dessus, la poussant à chercher le moyen d'échapper aux assassins qui rodaient dans les alentours de sa

---

[26] Booh Booh, 2005, p. 147
[27] *Témoignage de Faustin Twagiramungu*, 2007

résidence. Elle aurait demandé de l'aide à sa voisine immédiate, une diplomate américaine. Il a été dit que celle-ci aurait accepté de l'accueillir mais qu'une salve tirée par les militaires des Forces armées rwandaises en furie aurait stoppé et empêché l'escalade du mur de protection. Vrai ou faux ? La diplomate aurait-elle tenté de faire quelque chose d'autre pour la secourir ? Mystère.

Jacques-Roger Booh Booh écrit :

> Moustache (pseudonyme d'un français en service au Programme des Nations unies pour le développement (PNUD) m'a contacté sur le réseau Motorola pour m'indiquer que des soldats rwandais lourdement armés avaient encerclé la résidence de la Première ministre et menaçaient d'arrêter son illustre occupante. Il a demandé que la MINUAR puisse se porter d'urgence au secours de la Première ministre car il n'apercevait plus l'escorte belge sur les lieux. Je lui ai répondu que je n'avais pas d'information sûre sur la position du général Dallaire mais qu'il était sans doute bloqué sur le chemin menant chez la Première ministre et que c'était lui seul qui pouvait ordonner une action militaire quelconque et qui nous suivait certainement sur le réseau Motorola de la MINUAR pour organiser l'aide dont la Première ministre a besoin. Moustache m'a rappelé à trois autres reprises sur un ton grave et désespéré pour me demander d'agir vite car nous allions assister à l'irréparable. Il ne m'a pas dit la suite de ce qui s'est passé, c'est-à-dire l'horreur. La Première ministre qui a trouvé refuge dans les locaux du PNUD, couverts pourtant d'immunité diplomatique, y a été sauvagement assassinée avec son mari.[28]

---

[28] Booh Booh, 2005, p. 54

Certains prétendent que les gendarmes rwandais auraient aidé Agathe et sa famille à quitter la résidence et à entrer dans les locaux du Programme des Nations unies pour le Développement (PNUD) vers 7h du matin. Agathe aurait été placée au domicile d'Adama Daff, documentaliste au PNUD, pendant que son mari et ses enfants cherchaient refuge dans la maison d'un certain Bampieng Maxime.

Pourquoi a-t-elle fait confiance aux gendarmes rwandais au lieu de se fier aux Casques bleus belges envoyés par Dallaire ?

Trop tard. Les assassins avaient déjà pris leurs dispositions et l'étau s'est resserré autour d'elle. À 7h15, les militaires des FAR seraient entrés dans la Résidence et auraient neutralisé les Ghanéens et la dizaine de Casques bleus belges. Les gendarmes restent les bras ballants, impuissants.

À 10h des soldats parlant Kinyarwanda lancés à sa recherche auraient fouillé les maisons proches de la résidence jusqu'à tomber sur elle pour l'assassiner sauvagement.

Entre 7h15 et 10h, pourquoi rien n'a été tenté par la Mission des Nations unies pour venir en aide à Agathe alors qu'elle se trouvait dans les locaux appartenant à cette organisation et que la MINUAR et le siège à New York étaient au courant ?

Une autre version rapporte qu'Agathe et son mari auraient décidé de retourner à la résidence du Premier ministre pour y être atrocement assassinés vers 10h. Leurs enfants seraient restés dans les maisons des employées du PNUD, ce qui leur aurait permis d'échapper à la rage meurtrière des assassins.

D'après Ntiwiragabo, le 08 avril, leurs dépouilles seront transférées au camp Kanombe[29] à une dizaine de kilomètres de Kigali par un véhicule du Bataillon de Reconnaissance. Sur ordre de qui ? Pourquoi là-bas et pas au Centre hospitalier de Kigali (CHK), plus proche de chez elle ?

Victimes collatérales, les Casques bleus belges, commis tardivement à la protection d'Agathe, sont conduits, à leur demande paraît-il, au camp militaire de Kigali par le major Bernard Ntuyahaga. Ils sont rapidement lynchés par des militaires surexcités sous prétexte d'être responsables de la mort du Président Habyarimana.

Comment expliquer qu'aucune tentative de résister aux tueurs n'ait été faite ni par les Rwandais, ni par les Ghanéens, ni par les Belges ? Pas une seule cartouche tirée ! Voilà ce à quoi a servi « toute la sécurité que le Commandant des forces des Nations unies avait pu lui offrir ![30] » Apparemment, le raisonnement du général venu d'un pays du froid polaire ne fonctionnait pas dans les montagnes tropicales ! Pour certains, il paraîtrait que cette inaction proviendrait des consignes données aux Casques bleus : dialoguer ou contourner les obstacles mais ne jamais passer en force en usant des armes. Mais alors que faire quand l'adversaire montre clairement l'envie d'éliminer la personne

---

[29] Ntiwiragabo, 2018, p. 219
[30] Dallaire, 2003, p. 300

qu'on a la mission de protéger ? Les règles des Nations unies sont décidément difficiles à comprendre.

Agathe ne fut pas la seule à avoir cru naïvement en leur protection. D'autres personnalités de premier plan comme Joseph Kavaruganda, Fréderic Nzamurambaho, Félicien Ngango, et Landoald Ndasingwa qui bénéficiaient de la protection d'au moins cinq Casques bleus furent les premières victimes de la maudite nuit du 6 au 7 avril 1994. Beaucoup d'autres personnes qui ont eu la malencontreuse idée de chercher refuge auprès de la Mission des Nations unies, notamment à l'École technique officielle de Kicukiro à huit kilomètres du centre-ville de Kigali, ont fait les frais du même abandon. Au Rwanda en avril 1994, l'Organisation des Nations unies s'est couverte d'une épaisse et indélébile couche de honte et de déshonneur. Une faillite jusque-là jamais inégalée dans l'histoire de cette organisation.

Pourquoi le scénario qui a réussi pour sauver le Premier ministre désigné, Faustin Twagiramungu, qui devait succéder à Agathe à la tête du gouvernement, n'a-t-il pas été tenté ?

Gaspard Musabyimana rapporte :

Ce n'est qu'au petit matin à partir de 7 heures que les menaces ciblées de la part de certains éléments de la Garde présidentielle, à l'encontre de quelques figures emblématiques de l'opposition intérieure se précisèrent : voyant que face aux fusillades croissantes, les douze Casques bleus commis à sa protection personnelle renonçaient à assurer sa défense, Faustin Twagiramungu décida vers 9h30, de se réfugier chez son voisin, un coopérant américain, d'où il appela l'ambassadeur des États-Unis, David Rawson, qui obtint l'envoi d'une escorte blindée conduite par des Casques bleus bangladeshis. C'est ainsi le futur premier ministre fut placé en sécurité vers 11 heures au quartier général de la MINUAR à l'hôtel Amahoro.[31]

Agathe, sa première alliée politique n'eut pas droit au même traitement. Pourquoi ? N'était-elle pas engagée dans une tragédie qui la dépassait ? À propos de cette situation, Faustin Twagiramungu témoigne : « Elle pleurait à RFI. Personne n'est venu à son secours. L'armée rwandaise est allée l'assassiner. On passe devant des cadavres, on va, on vient et on ne fait rien. Nous avions accepté les accords d'Arusha parce que nous avions confiance. Nous avons été trahis et abandonnés[32] ». Trahis par qui ? Abandonnés par qui ? Avec qui avaient-ils conclu une attente d'assistance ou de protection en cas de difficultés ?[33] »

À l'âge de quarante et un ans, Agathe s'est éteinte. Telle une éphéméride dans la nuit. Inscrite sur la liste des héros nationaux par le gouvernement mis en place après le génocide, dans la catégorie *Imena,* sa mémoire est perpétuée chaque année. Une

---

[31] Musabyimana, 2008, p. 134

[32] *Témoignage de Faustin Twagiramungu,* 2007

[33] Lors de notre entretien le 29 décembre 2016, à Leuze, Belgique, Twagiramungu ne se souvenait pas d'avoir prononcé ces mots. Il a ajouté que c'est très probablement à Dallaire, à Booh Booh , aux Nations unies et à la communauté internationale en général, qu'il pensait.

plaque commémorative lui est dédiée dans le cimetière de ceux et celles qui ont eu le malheur de partir tôt, sans avoir récolté les fruits de leur engagement. Nietzsche disait que la valeur d'une cause se mesure moins à ce qu'elle nous permet d'obtenir qu'à ce qu'elle nous coûte. D'Agathe, Roméo Dallaire dit : « Elle avait aimé son pays et ses concitoyens, et elle avait voulu qu'ils vivent leur avenir dans un système démocratique. C'est pour cela qu'elle est morte[34] ».

Ils l'ont tuée
Ces soldats fous aux yeux rouge sang
Qui de bataille en bataille ont perdu
Depuis des lustres certains ont déserté le champ
La veille au soir leur navire amiral a sombré
Le grand commandant et son équipage ont péri
Devant les yeux pétrifiés de sa garde
Qui sabre au clair l'attendait
Pour lui rendre les honneurs dus
À son rang et à son prestige
L'humiliation s'est ajoutée à la honte
Et ces lâches n'ont rien trouvé d'autre
Que de s'attaquer à une femme
Pour assouvir leurs penchants les plus sinistres
Par dizaine ils ont accouru
Armés jusqu'aux dents
De baïonnettes, de mitraillettes et de grenades
Pour lutter contre une femme
Qui n'avait que le verbe et ses mains nus comme armes
Tel le vautour sur sa proie, ils se sont précipités
Les moqueries, les insultes et les insanités ont fusé
Ils l'ont piétinée comme font les maçons de la glaise
La première baïonnette a fendu son flanc droit
La deuxième lui a ouvert la jugulaire

---

[34] Dallaire, 2003, p. 318

Le sang pur a jailli par saccades
Le plancher s'est transformé en une marre
Les chacals en ont respiré l'odeur avec extase
Ses grands yeux ronds ont lancé une dernière flamme
D'une main mourante elle s'est signée
Après son dernier soupir et son dernier souffle
Ces hyènes aux cœurs pleins de rage
S'en sont allés répandre le chaos et le carnage

L'identité des assassins d'Agathe

En Belgique, le major Bernard Ntuyahaga fut accusé d'avoir participé à l'assassinat d'Agathe Uwilingiyimana et des dix Casques bleus. Aucune preuve formelle ne permit de confirmer l'accusation.

Le colonel Luc Marchal écrit : « Le capitaine Gaspard Hategekimana, alias Power, membre de la Garde présidentielle, faisait partie du réseau d'informateurs de Kibat (le contingent belge de la MINUAR). Il fut acteur direct dans l'assassinat d'Agathe Uwilingiyimana et présent, selon un témoignage, au camp de Kigali au moment où les Casques bleus belges étaient martyrisés. Quel fut son rôle exact au sein du réseau ? Informateur ou taupe ? Malgré des demandes réitérées, je n'ai jamais reçu de Kibat le moindre rapport d'évaluation de son réseau[35] ». Au sujet de la même personne, Jean-Baptiste Nkuliyingoma écrit : « Le capitaine GP Gaspard Hategekimana était en train de fouiller les maisons voisines de la résidence d'Agathe Uwilingiyimana. Quand ils la découvrirent, ils poussèrent des clameurs de joie avec des

---

[35] Marchal, 2001, p. 180

applaudissements. Ils l'assassinèrent avec son mari, Ignace Barahira, ainsi qu'un de ses conseillers du nom d'Ignace Magorane[36] ».

Le 18 décembre 2008, le Tribunal pénal international sur le Rwanda (TPIR) a condamné le colonel Bagosora pour sa responsabilité dans l'assassinat d'Agathe Uwilingiyimana et de dix Casques bleus belges. Cependant, le Tribunal n'a pas pu donner des noms précis des personnes qui ont commis cet acte physiquement. Dieu seul les connaît.

Les FAR et leur commandement ont cherché à se défausser de la responsabilité de cette horreur aux conséquences incalculables pour les Rwandais. Voici comment Faustin Ntilikina décrit la situation :

> Le 7 avril, dès les premières heures de la journée des explosions et des tirs isolés se font entendre de façon inhabituelle près du campement du FPR au CND et dans plusieurs quartiers de Kigali. Puis pendant que la réunion a lieu du Comité de crise, dans l'enceinte de l'École supérieure militaire, des coups de feu retentissent à la résidence de la Première ministre Agathe Uwilingiyimana et au camp de Kigali voisin. En début d'après-midi, le bilan est lourd. *Des bandes armées non autrement identifiées* ont investi les périphéries de la capitale ; ils érigent des barrières et tuent. Plus près du quartier de l'armée, la Première ministre et des Casques bleus de nationalité belge ont été sauvagement assassinés lors des fusillades de fin de matinée.[37]

---

[36] Nkuliyingoma, 2013, p. 111
[37] Ntilikina, 2014, p. 242-243

À la lecture de l'enquête d'Aloys Ntiwiragabo, on pourrait soupçonner les militaires du Camp Kigali « qui se comportaient en vrais mutins[38] » mais sans écarter ceux de l'École supérieure militaire (ESM), de la Garde présidentielle, ou des gendarmes. Certains des gendarmes présents lors de l'assassinat lui auraient affirmé que quelques-uns des militaires roulaient dans des véhicules sans plaques d'immatriculation pour éviter l'identification de leurs unités d'origine.

En février 2014, le TPIR a innocenté le capitaine Innocent Sagahutu, un des responsables du bataillon de reconnaissance (escadron blindé A) de l'assassinat d'Agathe Uwilingiyimana.

Le colonel Tharcisse Renzaho, préfet de la préfecture de la ville de Kigali (PVK) au moment des faits, rapporte : « C'est alors que plus tard, des mutins venus de l'École supérieure militaire se sont attaqués à la résidence de la Première ministre, après avoir écouté une interview qu'elle venait d'accorder à une radio étrangère. La résidence était distante seulement de moins de 200 mètres de l'École supérieure militaire[39] ». S'agissait-il réellement de mutins ou des militaires des FAR agissant sous ordre ? Ordre de qui ? Les hautes autorités militaires et les officiers et sous-officiers des FAR n'ont même pas manifesté un simple regret ou remord à l'égard de cet horrible assassinat.

---

[38] Ntiwiragabo, 1997, 14 mai, p. 9
[39] Renzaho, 2015, p. 62

Un héros sénégalais sauve les enfants d'Agathe

Le capitaine Mbaye Diagne, Sénégalais de la MINUAR, réussit au péril de sa vie à sauver les cinq enfants[40] d'Agathe de la mort et de les conduire à l'hôtel des Mille Collines, d'où ils pourront être évacués vers la Suisse. Ce *Djambar*, né à Pikine en 1958, vaste banlieue populeuse de Dakar, s'illustra par beaucoup d'autres actes de bravoure au cours desquels bien de gens purent être arrachés des griffes des assassins. Malheureusement, il y perdit la vie à Kigali, un certain 31 mai 1994. En juillet 2010, sa veuve et ses deux enfants ont reçu des mains du Président Paul Kagame le Prix *Umurinzi*. « Pour votre bravoure et votre sacrifice pendant le génocide du 1994, et pour montrer au monde la vraie signification de l'Ubuntu africain, le peuple rwandais aura toujours une dette envers vous », pouvait-on lire dans le texte d'hommage remis à sa famille par les autorités rwandaises.

En Italie, en octobre de la même année, Mbaye Diagne était célébré par le Jardin des Justes du monde de Padoue. Et en 2011, à l'occasion du 17e anniversaire du génocide, il était honoré à titre posthume par la Secrétaire d'Étàt américaine Hillary Clinton[41] et par le Conseil de sécurité des Nations unies le 8 mai 2014. En reconnaissance de sa bravoure et son humanité, une salle du Centre

---

[40] Barahira Irénée, né le 25/7/1975 ; Umuhoza Marie-Christine, née le 28/7/1978 ; Gasore Christian, né le 31/7/1980 ; Hirwa Aimé Michel, né le 5/12/1988 ; Umuhire Théophile, né le 26/8/1990.
[41] Ba, 2013

d'information des Nations unies à Dakar a été nommée « Salle Capitaine Mbaye Diagne ». En saluant sa mémoire au siège des Nations unies à New York, le 29 septembre 2015, le Président de la République du Sénégal, Macky Sall, a souhaité « que l'esprit du capitaine Mbaye Diagne, décédé le 31 mai 1994 dans l'explosion d'un obus au Rwanda, inspire la marche de la communauté internationale vers un monde de paix[42] ». Auparavant, son pays l'avait élevé à titre posthume au grade de Chevalier dans l'Ordre national du Lion par décret n° 2005-515 du 1er juin 2005.

Le sauvetage des enfants d'Agathe a été bien décrit par André Guichaoua, un des acteurs majeurs de cet acte éminemment humain.

> Vers midi [le 7 avril], le Général Dallaire se rend sur les lieux et rencontre les enfants du Premier ministre dans l'appartement où ils se sont réfugiés. Le soir à 18 heures, le Capitaine Mbaye Diagne accompagné d'un capitaine gendarme de l'armée rwandaise revient prendre les enfants d'Agathe Uwilingiyimana pour les conduire à l'hôtel des Mille Collines où ils seront cachés.[43] Le dimanche 10 avril,

---

[42] Agence de presse sénégalaise, 29 septembre 2015
[43] Le nom de M. Le Moal, à l'époque adjoint du Directeur du Programme des Nations unies pour le développement (PNUD) et chargé de la mise en place des moyens d'accompagnement de l'accord de paix à partir de septembre 1993 a été mentionné parmi ceux qui sont allés secourir les enfants. Dans son livre Dallaire (2003, p. 317-318) parle d'un certain Moustache qui aurait sauvé les enfants avec le capitaine Mbaye. Voir l'extrait sur la page 2 ici : http://rwandadelaguerreaugenocide.univ-paris1.fr/wp-content/uploads/2010/01/Annexe_79.pdf

vers 11 heures, les capitaines Mbaye et Moigny de la MINUAR viennent récupérer les enfants pour les conduire dans le char du Général Dallaire posté devant l'entrée de l'hôtel. À la dernière minute, le Général Dallaire ordonnera de les reconduire dans leur chambre craignant qu'ils ne soient arrêtés par les FAR ou les milices. Dans l'après-midi, une douzaine de soldats et miliciens venant de l'hôtel des Diplomates se présentent à la réception et menacent de faire sauter les portes des chambres si les enfants ne sont pas livrés.

Aucune aide ne pouvant parvenir à l'hôtel, que ce soit de la part de la MINUAR ou des militaires français sollicités, le capitaine Mbaye parlementera longtemps et réussira à leur faire quitter les lieux. Les enfants du Premier ministre seront les seuls nationaux autorisés par l'ambassade de France – qui n'en connaissait pas formellement l'identité – à se joindre au convoi des ressortissants étrangers qui quitte l'hôtel des Mille Collines vers 7h30, le 11 avril.

L'accord qui avait été donné la veille au soir excluait cependant la nourrice qui, après un refus catégorique de l'évacuer annoncé par l'ambassade de France, fut descendue du convoi en partance et reconduite à sa chambre. Le fait que l'ambassade de Suisse se soit engagée à accueillir les enfants sur le territoire helvétique n'est certainement pas étranger à cet accord.

Lors du transit à Bujumbura, M. Crépin-Leblond, ambassadeur de France, promettra seulement de transmettre au Quai d'Orsay un avis favorable à leur transit sur le territoire français à destination de la Suisse. À l'arrivée à Paris, effectivement, le Ministre Roussin, puis le représentant des Affaires étrangères, interrogés, diront avoir été informés de leur présence parmi les passagers, mais qu'aucune mesure particulière n'avait été prise les concernant. Ils pouvaient cependant obtenir un sauf-conduit de six jours comme l'ensemble des ressortissants étrangers évacués en attendant qu'il soit statué sur leur cas.

[…] Ne pouvant même obtenir d'assurance sur la possibilité de régulariser leur situation à partir de la préfecture de Lille – où je [André Guichaoua] résidais – au terme des six jours de validité des sauf-conduits proposés, Mme Thérèse Pujolle, coordinatrice de la cellule de crise interministérielle créée pour superviser les opérations de rapatriement, me conseilla amicalement de mettre en œuvre sans tarder la procédure d'accueil en Suisse : pour les officiels, il s'agissait d'une « évacuation privée à destination de la Suisse » via un transit français. Très vite, l'aéroport (T 9) s'est donc vidé, et nous sommes restés quelques-uns (ma famille, des amis, l'équipe de l'agence CAPA et quelques policiers) jusqu'au milieu de l'après-midi en attente de la décision des autorités suisses. Au milieu de l'après-midi, Mme la Consule de Suisse en poste à Paris put venir nous prendre à l'intérieur de l'aérogare en voiture immatriculée CD et nous transporter en zone internationale sur un vol Swissair à destination de Genève où les enfants furent pris en charge par les services de police fédéraux.[44] [45]

Depuis, les enfants vivent en Suisse romande et se reconstruisent du profond traumatisme causé par la disparition de leur mère et de leur père en ce maudit matin du 7 avril 1994. Grâce à l'humanité, au courage et à la détermination de quelques individus, la lignée d'Agathe sera perpétuée. Le

---

[44] Guichaoua, 1995, p. 695-96

[45] Certains points de cette version ont été réfutés par Jean-Michel Marlaud, Ambassadeur de France au Rwanda, et les responsables militaires français présents au moment des faits.

contraire eut été une infamie dans la conception rwandaise de l'être.

Les jours avant l'assassinat

Mardi le 5 avril 1994, après le service, autour de 18h, un ami commun, originaire de Nyaruhengeri comme Agathe et moi, passe à la maison. Après les salamalecs d'usage, il me dit : « Dans la journée, j'ai rencontré Madame le Premier ministre. Elle m'a dit que depuis quelques jours, elle cherche à te parler mais qu'elle n'arrive pas à te joindre. Elle souhaiterait te voir demain ».

— J'étais allé passer le week-end de Pâques en famille à Butare. As-tu une idée de quoi elle veut me parler ?

— Non, aucune.

Le lendemain, mercredi 6 avril, je reste collé à mon bureau à la Coopération canadienne de peur de manquer un appel des services d'Agathe. J'en profite pour mettre la dernière main à un article que le professeur André Guichaoua m'a commandé sur l'analyse de l'évolution de la situation politique et sociale du Rwanda. J'ai pris pour point d'entrée « la société civile ». Emmanuel Bahigiki m'a beaucoup aidé avec la bibliographie et a sévèrement critiqué le manuscrit. Jusqu'à 17 h, rien ne vient. Je rentre à la maison et passe chez un voisin pour me relaxer en regardant ensemble un match de football à la télévision. Au milieu du match, il se lève pour répondre à un appel téléphonique et revient abasourdi.

— Habyarimana est mort. Son avion a été détruit en plein vol en entamant les manœuvres d'atterrissage à l'aéroport de Kanombe.

— Quoi !

On se regarde, muets.

Je rentre chez-moi. Mon frère, ma sœur et ma nièce ne sont au courant de rien. Ma sœur me dit : « Un Muzungu (Blanc) a téléphoné. Il s'appelle André Guicha… ! » Elle n'arrive pas à prononcer correctement le nom. « Il dit qu'il est au Mille Collines et que tu as un document à lui remettre ». Je dis merci. Le professeur ne recevra jamais l'article. La situation a basculé. L'heure n'est plus aux analyses mais à la survie.

Le lendemain Agathe est assassiné. Rendez-vous manqué. Définitivement. Je ne saurai jamais pourquoi elle cherchait à me voir et de quoi elle voulait me parler. Était-ce pour m'informer que l'œuf pourri aller bientôt se casser pour dire comme Bob Marley à propos de son pays, la Jamaïque, après la tentative d'assassinat dont lui et sa famille venaient d'être victimes en 1976 ?[46] La situation du Rwanda ressemblait à un œuf en voie de pourriture. En pareille situation, un ancien condisciple iranien m'avait dit que les habitants de son village prédisaient que « le temps était enceint des événements ». En l'occurrence, plus que des événements, des catastrophes.

---

[46] The country was a rotten egg that had broken and couldn't be put back together again.

De quoi voulait-elle m'entretenir ? Après son assassinat, vint le temps des regrets. Pourquoi n'avais-je pas moi-même tenté de la joindre. Pourtant j'y avais pensé mais avais remis l'idée à plus tard. Une opportunité qui ne s'offrira plus. Inutile de se torturer les méninges. La vérité gît dans les entrailles de la Terre.

Agathe faisait face à hostilité d'une armée divisée, terriblement affaiblie, et qui trouvait en elle le bouc émissaire idéal pour justifier sa future défaite assurée. Ainsi dans la nuit du 6 avril 1994 quand le général onusien, Roméo Dallaire, essaya de convaincre les responsables des FAR de se mettre sous les ordres de Madame le Premier ministre « les officiers se sont esclaffés et ont dit qu'il n'y avait pas de gouvernement. Ils manifestaient leur mécontentement dès qu'ils entendaient le nom d'Agathe[47] ». Malgré cette hostilité, les patrons de la MINUAR ont continué à encourager Agathe à aller à la radio s'adresser au pays au nom du gouvernement.

Des bruits avaient couru dans Kigali qu'Agathe avait tenu à son domicile une réunion avec des officiers originaires du Sud, particulièrement de Butare, et leur aurait proposé de faire un coup d'État contre le Président Habyarimana. La Radio télévision libre des mille collines (RTLM) avait répété l'information à satiété pour l'enfoncer profondément dans les crânes des Kigalois.

---

[47] Audition du Major Beardsley, adjoint de Dallaire, devant le TPIR (98-41-T, 30 janvier 2004, p. 20) cité par Lugan, 2007, p. 174.

Le 4 avril 1994, une nouvelle réunion aurait été organisée avec comme unique point à l'ordre du jour, l'organisation d'une opération de désarmement et de ramassage des armes détenues illégalement dans Kigali qui devrait être menée conjointement par la MINUAR et la gendarmerie nationale. Le Premier ministre était dans son rôle et ne remplissait que son devoir puisque ce désarmement était prévu par les accords de paix. Dans sa lettre aux ministres du MRND datée du 19 janvier 1994, elle avait accusé le Ministre de la Défense d'avoir autorisé la distribution des armes aux civils.

Sur cette base, le colonel Aloys Ntiwiragabo, alors chef des renseignements militaires à l'état-major des FAR mais qui au moment des faits était en mission à Yaoundé (Cameroun), a émis l'hypothèse suivante pour expliquer pourquoi le Premier ministre a été assassinée :

> D'aucuns pensent que c'est suite aux réunions sélectives des officiers originaires de sa préfecture Butare qu'elle a tenues respectivement la nuit du 1 au 2 avril et le 4 avril 1994. Ces réunions suspectes tenues pendant la période de tension politique étaient interprétées comme une conspiration contre le Président de la République. Avec l'attentat contre l'avion présidentiel le 6 avril 1994, des militaires excédés se sont attaqués à tous ceux qu'ils considéraient comme conspirateurs, y compris le Premier ministre.[48]

---

[48] Ntiwiragabo, 1997, 14 mai, p. 11

Le chef des renseignements militaires qualifie ces réunions de « suspectes » mais ne dit pas si ses services en avaient été informés. Si oui, on aurait été en droit d'attendre qu'il éclaire l'opinion sur ce qui s'est réellement passé.

Selon le colonel Renzaho :

L'interview de la Première ministre Uwilingiyimana a sans doute été interprétée par les mutins comme le prolongement des informations qui ont circulé à Kigali prêtant à la Première ministre Agathe Uwilingiyimana d'avoir organisé une réunion à sa Résidence le 4 avril 1994 pour discuter avec certaines personnalités du pays y compris des officiers du Sud du pays, sur l'éventualité de se débarrasser du Président Habyarimana. Des personnes parmi celles qui ont été invitées à la rencontre du 4 avril 1994 à la Résidence de la Première ministre ont confirmé le fait. Le Ministre des Affaires étrangères d'alors, Mr Anastase Gasana, aurait alors informé la Première ministre du changement intervenu concernant le lieu de la tenue du sommet régional des chefs d'État de la région. Ledit sommet qui, initialement, devait avoir lieu à Arusha, n'allait pas avoir lieu dans cette ville du nord de la Tanzanie, mais à Dar es Salam, le 6 avril 1994. À quoi, la Première ministre aurait répondu : Laissez-le voyager, il ne tardera pas de se faire éliminer ! Il en conclut que les assassins en voulaient seulement à la Première ministre Agathe Uwilingiyimana, qu'ils accusaient d'avoir comploté contre le Président Habyarimana et contre la haute sécurité du pays.[49]

---

[49] Renzaho, 2015, p. 62-63

Un éclairage complémentaire ressort de la lecture du livre du Dr Ferdinand Nahimana, *Les virages ratés*. L'auteur commence par décrire comment l'élimination physique du Président Habyarimana aurait été préparée de longue date et comment Agathe y aurait contribué directement ou indirectement. Après avoir rapporté les paroles de Booh Booh décrivant un dîner offert par Agathe en présence de Faustin Twagiramungu et d'Anastase Gasana (alors Ministre des Affaires étrangères), il en déduit que ces trois personnalités, qualifiées d'ouvriers zélés du FPR, étaient en train de désinformer le Représentant spécial du Secrétaire général des Nations unies alors qu'ils savaient ce qui allait se passer. Il en conclut : « tous les auteurs, coauteurs et exécutants de ce plan sont responsables de l'assassinat du Président Habyarimana, ils emportent également l'entière responsabilité des suites de leur acte ignoble[50] ».

L'une des conséquences fut l'assassinat d'Agathe. Si un intellectuel du calibre du Dr Ferdinand Nahimana en arrive à une inférence si terrible, pouvait-il en être autrement pour les militaires de la Garde présidentielle ou d'autres unités de l'armée ou pour les apprentis politiciens réductionnistes et pressés qui ne s'encombrent pas de dialectique ? Pour eux, la situation était claire comme de l'eau de roche. Agathe avait trempé dans le complot visant à éliminer Habyarimana, elle devait le payer cash.

---

[50] Nahimana, 2007, p. 395

Il est possible que d'autres eussent raisonné comme suit : avec la disparition de Habyarimana, le pouvoir et les privilèges nous échappent. « Le paradis[51] » se perd pour rappeler le titre du livre écrit par le commandant de la Garde présidentielle de Habyarimana. Mais qu'à cela ne tienne, ceux qui l'ont combattu avec acharnement n'en profiteront pas non plus. Pas question de leur céder le pouvoir, perdons tous ensemble.

Qu'en était-il réellement de cette soi-disant tentative de coup d'État ?[52] Les officiers originaires du Sud étaient peu nombreux. Très peu avaient des postes stratégiques dans l'armée pour oser tenter quoi que ce soit. Beaucoup d'entre eux restaient dans l'armée mais en trainant les pieds, sans réel engagement. Agathe le savait parfaitement. Tenter un putsch équivalait à une aventure suicidaire.

Il a été dit qu'Agathe aurait profité de ce cadre informel, pour sonder les officiers sur les mesures de sécurité à prendre pour une nouvelle tentative de cérémonie de mise en place, plusieurs fois avortée, du Gouvernement de transition prévu par les accords d'Arusha. Le souvenir de la démonstration de force faite par la Garde présidentielle pour s'opposer à la prestation de serment des députés présentés par Agathe le 5 janvier 1994 la hantait. Il aurait été question également de ce qui adviendrait en cas de reprise des hostilités.

---

[51] Mpiranya, 2010
[52] Guichaoua, 2010, p. 201-203

Elle aurait déclaré qu'il ne servirait à rien de prendre part au combat au côté de Kinani (le Président Habyarimana) et des Bakiga (les gens du Nord) qui détestent tant les gens du Sud. Elle les aurait rassurés qu'aucun d'eux ne sera touché par des mesures de réduction des effectifs des FAR prévues dans le cadre de la fusion avec l'armée du FPR aux termes des accords de paix. Sûre de réoccuper le Ministère de l'enseignement primaire et secondaire, elle leur aurait promis de s'investir à fond dans le développement de leur région d'origine. Les officiers auraient promis de coopérer.[53]

À la fin de la collation, certains en auraient fait un compte rendu à leurs supérieurs hiérarchiques. L'information aurait remonté jusqu'au Ministre de la Défense, Augustin Bizimungu, qui se serait empressé d'informer Habyarimana de tout ce qui s'était dit chez Agathe. Le coefficient d'exagération bantoue aidant, les mots auraient atterri dans les grandes oreilles de la Radio télévision libre des mille collines (RTLM) sous l'appellation de « coup d'État contre Habyarimana ». Il aurait été question non seulement de renverser Habyarimana, mais voire même de l'assassiner. Guichaoua rapporte que l'idée d'organiser cette réunion émanait du capitaine

---

[53] Un des collaborateurs d'Agathe qui a assisté la réunion, Jean Marie Vianney Uwihanganye, aurait affirmé que les officiers présents auraient promis leur collaboration. Il aurait déclaré que chaque responsable du parti avait reçu pour mission de sensibiliser les officiers de sa préfecture d'origine. Voir Tabaro, 2014.

Bernard Ndayisaba[54], officier de sécurité de l'état-major et de Jean-Berchmas Habinshuti, secrétaire particulier d'Agathe Uwilingiyimana. Ce serait le capitaine de gendarmerie Jean-Baptiste Iradukunda qui se serait chargé des invitations.

À l'évidence, cette histoire de coup d'Etat était une fausse rumeur fabriquée par des officines occultes dont regorgeait la capitale, Kigali. Il en circulait tellement dans les médias, les bars, les taxis et la rue qu'il était devenu difficile de distinguer le vrai du faux. La meilleure attitude était de se boucher les oreilles et de continuer à vivre. En attendant. En attendant quoi ? L'inconnu. À ce propos, Jacques-Roger Booh Booh décrit convenablement la situation :

> Nous étions en contact avec une foule d'informateurs douteux et bien entraînés dans l'art de la désinformation. Ils étaient soit des vrais ou faux journalistes, agents secrets, marchands de canons, hommes d'affaires, mercenaires, soit des Rwandais de toutes les ethnies en quête de survie alimentaire… Leurs informations étaient sujettes à caution. […] À la veille du génocide, la violence, l'insécurité et la rumeur avaient pratiquement envahi tous les milieux rwandais et nous-mêmes à la MINUAR étions pris en otage.[55]

---

[54] Le Capitaine Bernard Ndayisaba serait, paraît-il, originaire de la commune de Nyaruhengeri comme Agathe. Je ne le savais pas.
[55] Booh Booh, 2005, p. 96

La rumeur fait des ravages surtout dans le contexte d'un pays dotée d'une culture, voire d'un culte du secret.

D'un coup d'État, il n'en était pas question. Au contraire, il a été dit qu'Agathe craignait avant tout un coup d'État militaire orchestré par le colonel Bagosora et qu'elle en aurait fait part au Représentant spécial de l'ONU, Jacques-Roger Booh Booh le 6 avril, la veille de son assassinat[56]. Cette crainte reposait-elle sur des données sérieuses ou Agathe était-elle mal informée ou tout simplement désinformée ? Ceci pourrait expliquer certaines contradictions dans ses déclarations, prises de positions et décisions. Encore une fois, la même interrogation fondamentale : n'était-elle pas prise dans un engrenage tragique qui la dépassait ?

Agathe était trop humaine pour tremper dans un complot en vue de commettre un assassinat en le voulant et en le sachant. Elle était très directe et spontanée pour garder un aussi lourd secret. De toutes ses forces, elle voulait le départ de Habyarimana, de ses proches et du Mouvement républicain national pour la démocratie et le développement du pouvoir. Elle a utilisé les moyens que lui donnait sa fonction de ministre et de Premier ministre à cet effet – c'était de bonne guerre car les gens qui lui étaient opposés ne lui faisaient aucun cadeau non plus. Mais de là conclure qu'elle avait comploté pour éliminer physiquement Habyarimana semble court. Si elle avait été dans le

---

[56] Musabyimana, 2008, p. 133

complot, elle aurait au moins organisé sa propre sécurité. Or visiblement, elle a été prise de court par l'annonce de la mort du Président de la République ; son comportement relevait de la pure improvisation.

Selon un très proche collaborateur d'Agathe, que j'ai rencontré plus de vingt ans après les faits, cette fameuse réunion du samedi 2 avril 1994 n'aurait jamais eu lieu. Il s'agirait d'une pure fabulation. Par contre, le vendredi 1er avril au soir, Agathe aurait organisé un pot à son domicile. Contrairement à ce qui s'est dit, en plus de quelques militaires, il y avait beaucoup de civils, des amis et des connaissances. L'atmosphère calme et détendue tranchait avec la tension générale qui régnait dans le pays. La bière coulait et les plateaux de brochettes circulaient. Les enfants, en vacances de Pâques, jouaient et se faufilaient parmi les convives.

Ce genre de rencontre n'était pas une nouveauté. Agathe avait l'habitude d'organiser de petites rencontres autour d'un pot et d'un barbecue. L'assistance variait. Aujourd'hui, elle invitait ses anciens condisciples ou collègues, la fois suivante ses anciens étudiants, une autre fois les parrains et marraines de ses enfants ou les parents des filleul(e)s de la famille. Bien évidemment les membres de la famille n'avaient pas besoin d'invitation spéciale. C'était pour elle l'occasion de socialiser, de décompresser et d'oublier le stress de la vie politique tout en tâtant le pouls du pays profond. La RTLM aurait travesti la vérité en transformant une rencontre de ce genre en une réunion destinée à ourdir un putsch contre le Président de la République, ou pire, son assassinat.

D'après le même témoignage, le 4 avril, Agathe était très préoccupée par l'état de santé de son père. Elle a consacré une partie de son temps à l'organisation de son transfert médical à Kigali. Elle a instruit un de ses collaborateurs d'aller le chercher à Butare et l'amener à Kigali le lendemain 5 avril. Était-ce le comportement attendu d'une personne occupée à préparer de graves événements? Ou plutôt l'attitude d'une fille soucieuse de remplir son devoir envers ses parents ?

Le 6 avril, tard dans l'après-midi, Agathe aurait reçu en audience le Directeur de cabinet du Président de la République, Enoch Ruhigira. Après son départ, elle aurait fait appeler ses collaborateurs pour leur annoncer que le Président avait décidé d'installer le parlement et le gouvernement de transition prévus par l'Accord d'Arusha, avant le weekend du samedi 9 avril et qu'il fallait prendre toutes les dispositions nécessaires pour l'organisation pratique de la cérémonie.

Faustin Twagiramungu a confirmé avoir reçu et accepté l'invitation mais n'avoir pas pu y participer suite à un empêchement de dernière minute. D'après lui, ce genre de rencontre n'avait rien de spécial. Il était connu que de petits groupes d'officiers et des politiciens du Nord se rencontraient chez l'une ou l'autre personnalité pour échanger sur la situation du pays, sans que personne ne s'en émeuve. Pourquoi, pour Agathe, cela a-t-il été interprété comme l'organisation d'un un complot, s'est-il demandé.

Quatre mois de bras de fer entre le Premier ministre et le Président de la République

De notoriété publique, l'état des relations entre Agathe et Habyarimana était exécrable. C'était un morbide bras de fer : « Je te tiens, tu me tiens par la barbichette ! ». Une guerre des nerfs pour obliger l'autre à céder le premier ou la première. Les tactiques étaient différentes.

Habyarimana traitait Agathe avec politesse et courtoisie tout en lui faisant comprendre que c'était elle qui bloquait la mise en place des institutions et conduisait le pays tout droit à la catastrophe. Habyarimana avait expérimenté avec succès cette tactique de guerre d'usure contre le prédécesseur d'Agathe au poste de Premier ministre, Dr Dismas Nsengiyaremye. Une blague circulait à Kigali, qu'un groupe des plus zélés de ses partisans qui lui demandaient pourquoi il n'appliquait pas la loi du talion contre ce dernier qui l'accusait de tous les maux de l'humanité, Habyarimana aurait répondu calmement : « Si vous passez à côté d'un malade mental et qu'il vous lance une pierre, la bonne attitude est-elle de ramasser des pierres et d'engager une bataille avec lui ? ». Il avait supporté les attaques du Premier ministre jusqu'au jour de l'éviction de ce dernier du gouvernement, le 16 juillet 1993, suite à une manœuvre concoctée par les chefs de la coalition des partis qui l'avaient coopté une année et trois mois auparavant, le MRND et Habyarimana lui-même.

Contrairement à son prédécesseur, Agathe recevait les Ministres du MRND avec respect et discutait avec eux, argument contre argument jusqu'à arriver à un consensus. Elle ne faisait pas de l'obstruction systématique pendant les réunions du conseil des ministres, participait au débat et n'agressait pas le Président. Cette attitude contrastait avec sa posture dans les rassemblements populaires au cours desquels elle harcelait Habyarimana, l'attaquait sans cesse sur son passé d'autocrate. Son slogan favori était : *Habyarimana navaho impundu zizavuga* (Lorsque Habyarimana ne sera plus président, les cris d'allégresse couvriront tout le pays). Et la foule derrière répétait le refrain à ne pas finir. Elle faisait tout pour montrer à tout le monde que Habyarimana était fini, qu'elle n'avait pas peur de lui. Dans les meetings elle se démenait pour le désacraliser et chasser la peur de la tête des membres de son parti vis-à-vis du président autrefois omniscient et omnipotent.

Elle mobilisait l'opinion nationale et internationale pour lui arracher les ultimes concessions. Elle avait réussi à gagner la sympathie des chancelleries occidentales, des missions diplomatiques des pays africains et des responsables de la Mission des Nations unies sur place, en l'occurrence le général Dallaire et Jacques-Roger Booh Booh. Parlant de sa rencontre avec Madame le Premier ministre et le Premier ministre désigné, le haut diplomate et ancien ministre camerounais écrit : « Leur volonté de paix était sincère. Leur vision d'un Rwanda à construire était celle des hommes d'État qui semblaient placer l'intérêt général au-dessus des préoccupations partisanes ou ethniques[57] ». Au-dessus des préoccupations ethniques, sûrement. Mais au-dessus des préoccupations partisanes, rien n'est moins sûr.

Probablement que le diplomate n'était pas suffisamment informé à propos du rôle joué par les deux personnalités dans les rivalités et les divisions qui conduiront à la scission du Mouvement démocratique républicain en deux ailes irréconciliables. L'intransigeance des deux fractions[58] et leur incapacité à trouver un compromis fut un des principaux obstacles à la mise en place du gouvernement et du parlement de transition et de l'Accord d'Arusha en général. Autant dire que cette scission du principal parti d'opposition contribua fortement à l'impasse et donc indirectement à la tragédie que le pays allait vivre. Pour bien comprendre le contexte, il faut remonter aux circonstances de sa nomination au poste de Premier ministre.

Agathe a pu accéder à la primature suite à une lutte d'influence interne au sein du Mouvement démocratique républicain (MDR)[59]. Dans l'euphorie et la précipitation du retour au

---

[57] Booh Booh, 2005, p. 45
[58] La fraction très minoritaire était conduite par le tandem Twagiramungu et Agathe ; l'autre majoritaire par Dr Nsengiyaremye, premier Vice-président.
[59] Pour plus de détails, lire Ndahayo, 2000, p. 169-174

multipartisme, la rénovation du MDR avait été faite dans une confusion idéologique qui le conduira plus tard dans des difficultés inextricables. Pour une partie des adhérents, le nouveau parti était purement et simplement le continuateur du Parti du mouvement de l'émancipation hutu (PARMEHUTU) du Président Grégoire Kayibanda et de ses amis politiques des années 1960. Parti qui avait été aboli par le putsch militaire de Habyarimana le 5 juillet 1973. Donat Murego, Secrétaire exécutif du parti, et Froduald Karamira, Deuxième vice-président, revendiqueront publiquement cette filiation dans les meetings populaires organisés respectivement à Cyasemakamba (Kibungo) en novembre 1992 et à Gikongoro, le 1er juillet 1993. Les tenants de cette position avaient mal vécu le partenariat stratégique conclu entre le FPR et les partis MDR, Parti social démocrate et Parti libéral lors de la rencontre tenue à Bruxelles du 29 mai au 2 juin 1992.

Pour d'autres, le MDR rénové, était un parti national qui n'avait plus rien à voir avec le vieux PARMEHUTU et avait pour objectif de ravir le pouvoir à Habyarimana et au MRND, ramener la paix, promouvoir l'unité nationale et installer la démocratie. C'était la position défendue par Twagiramungu notamment lors des conférences-débats à Butare et à Mburabuturo (Kigali) et par Agathe. Les tenants de cette position restaient fidèles au partenariat conclu entre l'opposition intérieure et le FPR.

Entre les deux ailes, une grande majorité d'adhérents était des opportunistes et des carriéristes qui ne faisaient que se positionner en vue d'accéder au partage du gâteau national en termes d'emplois ou d'opportunités d'affaires que cette nouvelle offre politique était censée générer[60] ou de suivistes, juste là parce que c'était le parti de papa ou de maman.

La guerre des chefs entre le Président du parti Faustin Twagiramungu et Dr Dismas Nsengiyaremye, Premier vice-président, en même temps Premier ministre, constitua une deuxième ligne de fracture.

Il fut reproché à ce dernier d'avoir rapidement oublié qu'il devait sa nomination au soutien des partis de l'opposition intérieure (MDR, PSD, PL, et PDC) et d'organiser la gestion du pays et l'agenda des négociations de paix d'Arusha en fonction de son avenir politique et de celui de ses amis, particulièrement ceux de Gitarama, sa préfecture d'origine. L'occasion de l'évincer fut trouvée, un peu moins de trois semaines avant la signature des accords de paix d'Arusha le 4 août 1993.

Arrivé au terme de son mandat d'une année en avril 1993, le gouvernement Nsengiyaremye se voit accorder, par les partis politiques signataires de l'accord de gouvernement, une prolongation de trois mois pour boucler les négociations avec le FPR. En juillet 1993, les partis se réunissent pour désigner le futur premier ministre du gouvernement

---

[60] Ndahayo, 2000, décrit ce phénomène.

de transition élargi au FPR. Les chefs des partis PSD, PL, PDC, MRND, Twagiramungu et Habyarimana s'entendent pour écarter Dr Nsengiyaremye. Lors de la réunion tenue le 16 juillet, accablé par l'appréciation négative de ses partenaires chefs des partis PSD, PL, le Premier ministre ne peut plus supporter leurs récriminations et décide de quitter précipitamment la salle. Son concurrent politique, Faustin Twagiramungu, saisit la balle au bond en proposant la candidature d'Agathe Uwilingiyimana pour remplacer le sortant. Elle fut acceptée à l'unanimité.

Pourquoi Agathe et pas un autre ministre ou un cadre du MDR ? D'après Faustin Twagiramungu, Agathe était la candidate idoine pour les raisons suivantes :

Elle avait fait ses preuves de grande organisatrice et de leader en sa qualité de présidente du parti dans la préfecture de Butare. Lors des réunions du parti, ses analyses étaient pertinentes, claires et bien structurées. Très pédagogue, elle savait trouver des postures et des mots justes pour se faire comprendre des gens y compris des paysans et paysannes dans les meetings du parti.

Au ministère de l'enseignement primaire et secondaire, elle avait réussi rapidement à faire des réformes audacieuses appréciées par l'ensemble des parents du pays. De ce fait, elle jouissait d'une côte de popularité très élevée. Elle était femme et capable de drainer beaucoup de voix. Ce qui crédibilisait le parti, comme étant à l'avant-garde du combat pour la modernisation de la société. Consultés, un proche collaborateur, Jean Marie Mbonimpa et une personnalité influente du parti à Butare (Isaac

Munyagasheke) ont confirmé que c'était le bon choix.[61]

Certains analystes pensent que Twagiramungu l'a proposée pour la manipuler et l'utiliser comme tremplin pour ses ambitions politiques. Trois mois comme premier ministre afin de déminer la situation et ouvrir la voie au Premier ministre de transition doté des attributs autrefois dévolus à l'ancien président dictateur.

Le président du MDR avait agi contre la position du bureau politique de son parti qui supportait *mordicus* Dr Dismas Nsengiyaremye. Ce n'est que plus tard, alors que les dés étaient jetés, que cette instance se ravisa pour présenter la candidature de Jean Kambanda. Le 20 juillet, Faustin Twagiramungu prit de court, une fois de plus, le bureau politique de son parti en présentant sa propre candidature comme Premier ministre du futur gouvernement élargi au FPR. Proposition qui fut acceptée par le FPR, les partis MRND, PL, PSD et PDC et par Habyarimana. Ainsi fut perpétré ce qui fut qualifié de « Coup d'État au sein du MDR[62] ». L'aile favorable au partenariat stratégique avec le FPR, représentée par le Président du MDR et la ministre Agathe, en fut le principal bénéficiaire.

Habyarimana et le comité directeur du MRND approuvent la proposition d'installer Agathe comme Premier ministre non à cause d'une

---

[61] Entretien avec Faustin Twagiramungu, le 29 décembre 2016, à Leuze, Belgique.
[62] De Brouwer, 1993

quelconque convergence de vues avec elle, mais plutôt comme action tactique destinée à affaiblir sérieusement le plus puissant parti de l'opposition, le MDR, et à évincer Dr Nsengiyaremye, Premier ministre d'alors, qui leur donnait du fil à retordre ; et se venger de Boniface Ngulinzira, alors Ministre des Affaires étrangères, chef de la délégation qui avait négocié les accords d'Arusha qui avaient dépouillé Habyarimana de l'essentiel du pouvoir pour le ravaler au rang de simple Président protocolaire, juste bon pour inaugurer les chrysanthèmes. Et pire encore, les accords contenaient, en filigrane, des clauses pouvant conduire à son *impeachment* ou à sa traduction devant la Haute cour de justice. Auquel cas, son sort serait scellé car il allait comparaître devant son ancien ami devenu son meilleur ennemi, le président de la Cour de cassation et de la Cour constitutionnelle, Joseph Kavaruganda !

En acceptant la proposition présentée par le Président du parti MDR contre l'avis du bureau politique, Habyarimana a créé un précédent qui allait lui être préjudiciable par la suite. Ses futurs refus des listes de députés et de ministres, présentées unilatéralement par le même président du parti MDR sans l'aval de son parti, n'étaient ni conséquents ni crédibles. Pour un observateur avisé, son légalisme tardif n'était ni sincère ni convaincant. Sans devoir rappeler que Habyarimana était un ancien putschiste !

Le 17 juillet 1993, Agathe présente son équipe gouvernementale. En réalité, elle reconduit l'équipe précédente et ne fait que remplacer les ministres de son parti (Boniface Ngulinzira et Pascal Ndengejeho) ayant refusé de participer à son gouvernement en nommant Anastase Gasana au Ministère des Affaires étrangères, Jean Marie Mbonimpa à l'Enseignement primaire et secondaire et Faustin Rucogoza à l'Information. Un pas en avant dans la dislocation du MDR. Agathe avait-elle pesé les conséquences pour elle et pour son parti ? A-t-elle tout simplement cédé à son ambition de participer au changement du cours de l'histoire du Rwanda ? Dans tous les cas, elle vient de mettre sa main dans un engrenage que personne ne contrôle. Ceci est un des moments clés de sa vie. Elle vient de monter sur le Titanic et ouvrir le chemin vers sa mort prématurée.

Le 18 juillet 1993, une fraction du MDR s'en détacha pour fonder le Parti du renouveau sous la présidence d'Alexis Nsabimana, ancien responsable du MDR dans le Benelux. Les rivalités des ambitions ainsi que le non-respect des statuts et de la démocratie interne furent les principales raisons invoquées par les partants.

Le bureau politique du MDR prend la décision d'exclure provisoirement Agathe, Faustin Twagiramungu et les ministres ayant accepté de siéger dans le nouveau gouvernement en attendant la confirmation par le congrès du parti. Il décide également d'organiser un congrès extraordinaire pour confirmer la candidature alternative de Kambanda contre Twagiramungu comme futur premier ministre dans le gouvernement élargi au

FPR, mais le préfet de Kigali interdit la tenue de celui-ci. Les Interahamwe se battent contre les délégués du congrès qui veulent passer outre la décision du préfet. Ce rassemblement finira par se tenir du 23 au 24 juillet 1993 au Centre Iwacu de Kabusunzu (Kigali).

Lors de ce rassemblement, Agathe revient sur son acceptation d'être nommée Premier ministre à la grande joie des congressistes. Mais celle-ci fut de courte durée, car dans les heures qui suivent, elle annonce qu'elle avait renoncé sous contrainte et qu'elle compte bien occuper le poste de Premier ministre et en assumer les responsabilités.

Ces rapides changements de position dans un court laps de temps ont interpellé plus d'un. Ce n'est pas l'Agathe qu'on connaissait. D'habitude quand elle prend position, même sur de petites questions sans importance elle y tient *mordicus*. Comment avait-elle pu parvenir à ce niveau d'indécision ?

Un jour, je lui ai demandé si réellement elle avait été contrainte à renoncer au poste de Premier ministre. « Tout dépend de ce que tu appelles contrainte. En tout cas, ce n'est facile pour une femme de se retrouver seule au milieu d'une masse de plus de deux cents personnes surexcitées, vociférant des obscénités, la traitant de traîtresse, d'ennemie du parti et de fossoyeuse de la démocratie ».

— Pourquoi es-tu allée là-bas?

— Je pensais pouvoir faire face. J'ai lutté bec et ongles mais en vain.

— Des gens disent que c'est plutôt au retour que tu as reçu des menaces du camp qui t'avait nommée[63].

— Le temps venu, j'aurai l'occasion de m'expliquer longuement et de contredire mes détracteurs.

D'après Faustin Twagiramungu :

Sous la pression des membres du MDR à Butare notamment d'Isaac Munyagasheke, Agathe a pris la décision d'aller au congrès de Kabusunzu contre l'avis de Twagiramungu. Elle est rentrée de cette épreuve complétement éreintée. Elle tremblait. Ses yeux embués regardaient dans le vide. Avec sa voix étranglée, elle était devenue presque aphone. Jean Marie Mbonimpa fut la première personne qu'elle a reçue à son domicile. Puis sont arrivés Félicien Gatabazi, Faustin Twagiramungu et Justin Mugenzi. Contrairement à ce qui a été dit, aucune personnalité du MRND, de l'armée, de la présidence n'était présente. À leur arrivée, Agathe leur a demandé de lui accorder une demi-heure de repos supplémentaire. Elle s'est alors étendue sur le divan. Après avoir repris ses esprits, elle a déclaré avoir passé la journée la plus pénible de sa vie ; et qu'elle avait signé sa démission sur un bout de papier, poussée à bout de force par une foule en colère. Elle avait eu peur d'être lynchée sur place. Elle a dit qu'elle était prête à faire marche arrière. Les responsables de l'opposition se sont entendus sur le

---

[63] Les gens racontaient à Kigali que des personnalités proches de Habyarimana et des responsables des partis de l'opposition firent pression sur elle jusqu' à ce qu'elle accepte de se dédire. Ainsi écrit Nkuliyingoma, 2013, p. 91. Guichaoua, 2010, p. 163, mentionne les noms de Ferdinand Kabagema et du colonel Bagosora. Il mentionne également l'appui déterminé de son mari, Ignace Barahira.

contenu du communiqué *ad hoc* et ont confié sa rédaction à Gatabazi et à Mbonimpa. Ils se sont arrangés pour que ce soit la première information lors de l'ouverture de l'antenne de la radio nationale à 5 h du matin. Les congressistes de Kabusunzu qui avaient passé la soirée à festoyer ont été comme foudroyés[64].

Avec ce congrès, voici venu le temps de l'excommunication. Une des résolutions du congrès fut on ne peut plus dure à son égard. Elle est libellée en ces termes :

IV. De Madame Uwilingiyimana Agathe.

Le congrès national du Mouvement démocratique républicain (MDR) réuni en session extraordinaire les 23 et 24 juillet 1993 à Kigali,

4.1 Déclare que Madame Uwilingiyimana Agathe a trahi son parti en acceptant de former un Gouvernement contre la décision du bureau politique du MDR relative à la non participation du MDR au gouvernement issu du 2ème Protocole additionnel du 16 juillet 1993 ;

4.2 Déplore avec beaucoup d'indignation et dénonce la déclaration diffamatoire faite par Mme Agathe Uwilingiyimana à la Radio nationale le 24 juillet, selon laquelle Mme Uwilingiyimana Agathe aurait été séquestrée et ensuite forcée par le Congrès national extraordinaire du MDR à présenter sa démission au Président de la République ;

4.3 Constate avec regret que ce comportement affiché par Madame Agathe Uwilingiyimana est absolument indigne d'un membre du parti MDR et déshonore notre pays de la part d'une personne ayant prêté serment comme Premier ministre ;

---

[64] Entretien avec Faustin Twagiramungu, le 29 décembre 2016, à Leuze, Belgique.

4.4 Décide, conformément aux articles 37 et 52 des statuts du MDR que Madame Agathe Uwilingiyimana est exclue du parti MDR.[65]

Cependant, la porte à la réintégration resta entrouverte puisque dans un communiqué écrit, plus tard, par Dr Nsengiyaremye, premier vice-président du MDR, chef de file de la fraction rivale, on peut lire « le congrès national et le bureau politique du MDR devraient procéder à la révision des sanctions prises à l'égard de certains membres dissidents dans la mesure où ceux-ci en expriment la demande et s'engagent à respecter les statuts et la discipline du parti[66] ». Personne des membres dissidents ne saisit cette perche qui était tendue. La rupture de deux tendances était consommée.

Pour expliquer l'attitude d'Agathe, André Guichaoua écrit :

Cet imbroglio et son issue illustrent clairement l'importance majeure de cette journée au regard de la suite des événements : ils démontrent aussi l'ambivalence d'Agathe Uwilingiyimana, qui, malgré la force de ses convictions, finissait par vaciller au gré des pressions contradictoires. En l'occurrence, sa décision finale ne s'explique pas, tant par le choix raisonné d'une option politique, que par le fait qu'elle ne voyait pas ce qu'elle allait devenir au sein

---

[65] Rapport du comité directeur du congrès national du Mouvement démocratique républicain (MDR) réuni en session extraordinaire les 23 et 24 juillet 1993 à Kigali, p. 3, avec les signatures des congressistes en annexe, https://repositories.lib.utexas.edu/bitstream/handle/2152/4335/3440.pdf?sequence=1

[66] Nsengiyaremye, 1993

du MDR en cas de rupture avec Faustin Twagiramungu.

Le congrès de Kabusunzu marque une césure irréparable au sein du parti MDR. Il ne s'en remettra jamais. Twagiramungu aurait tenté de colmater les brèches en proposant le poste de Ministre des Affaires étrangères et de la coopération à Dismas Nsengiyaremye ou à Boniface Ngulinzira dans Gouvernement de transition à base élargie annoncé le 18 mars 1994.[67]

Mais celui-ci ne vit jamais le jour. Cette nouvelle conjoncture redistribue le jeu politique et change les relations entre les acteurs.

À l'installation d'Agathe à la primature, certains collaborateurs de son prédécesseur refusèrent purement et simplement de continuer à exercer les fonctions qu'ils occupaient auparavant. À titre d'exemple, on peut citer, le commandant Twagirayezu chargé de la sécurité et le journaliste Francis Nsengiyumva. Dommage pour Agathe, ce dernier était un professionnel reconnu de la communication.

La lune de miel n'a pas duré trente jours

Fondée sur le principe qui veut que « l'ennemi de mon ennemi soit mon ami », les relations entre Agathe, le Président Habyarimana et le MRND débutèrent par une très courte période de lune de miel.

Un des anciens professeurs d'Agathe témoigne :

---

[67] Guichaoua, 1995

En juillet 1993, juste après sa nomination au poste de premier ministre, Agathe et Habyarimana visitent ensemble l'Exposition Nationale. Les deux s'arrêtent devant le stand du Centre de Recherche sur la Pharmacopée et la Médecine Traditionnelle (CURPHAMETRA). Bonjour professeur salue Agathe. Et Habyarimana de demander : Vous le connaissez ? Oui très bien, il fut mon professeur de chimie et biologie. Nous sommes amis, il me donne des conseils mais a refusé de me rejoindre au MDR. Et Habyarimana d'ajouter, il me semble que ce n'est pas la première fois que je vois ce visage. Et le chercheur de clarifier la situation : Oui effectivement. Lors des visites des Présidents Museveni et Arap Moi à l'Université Nationale du Rwanda, c'est moi qui ai eu l'honneur de leur expliquer ce que nous faisons dans notre centre de recherche. Et Habyarimana de conclure : Tu ne me le prendras pas. Ils rigolèrent un peu et s'en allèrent. Les autres exposants se sont posé des questions sur les raisons de leurs échanges prolongés à notre stand et de leur apparente bonne humeur partagée. D'habitude, les hautes autorités, visitent les expositions au pas de charge.[68]

Aussitôt nommée, Agathe met les bouchées doubles pour régler les dernières questions en suspens dans les négociations de paix entre le FPR et la partie gouvernementale. Quand elle le peut, elle se rend personnellement à Kinihira, dans la zone tampon entre les forces belligérantes, pour faire avancer les choses. Elle est très impressionnée par la présence de jeunes filles parmi les combattants. L'une d'elle m'a dit plus tard, qu'elle leur apportait

---

[68] Entretien avec la personne ressource à Ottawa, Canada en mai 2016.

de petits cadeaux et suppliait leur commandant de les lui confier afin de les ramener dans la vie normale, loin du front. Évidemment, elle savait que c'était impossible.[69]

Ce geste d'apporter des cadeaux était un trait constant du caractère d'Agathe. Une grande générosité. Beaucoup de ses connaissances et collègues disaient : ce n'est pas la peine de lui demander quelque chose. Elle donne spontanément. Sauf quand il s'agissait de notes pour ses élèves. Pur produit du très encyclopédique et sélectif système belge d'enseignement, elle était très sévère, aux dires de ses anciens élèves et collègues. Même pour un demi-point qui manque, l'élève doit refaire l'examen. Et s'il ne fait pas mieux, la solution est claire : redoubler d'année ou être éjecté de l'école. Sans états d'âme. Par contre, d'après ses anciens collègues, elle prenait souvent la défense des élèves quand les religieux et religieuses voulaient les punir ou les exclure de l'école à cause du soi-disant non-respect des règles de comportement inutilement très rigoristes, édictées par une morale chrétienne désuète.

Agathe s'implique également à fond dans les négociations avec les bailleurs de fonds du Rwanda[70]. Ceux-ci ont ajouté l'inclusion du FPR

---

[69] Ceci ne m'a pas été confirmé par le très proche collaborateur d'Agathe.

[70] Je suivais l'évolution de ces négociations en observateur intéressé car la Banque mondiale m'avait offert un poste de Conseiller en Agriculture et environnement pour suivre et évaluer la mise en œuvre de ce volet après la mise en place des institutions de transition. François Kanimba qui sera plus

dans la délégation rwandaise et la mise sur pied du Gouvernement de transition comme nouvelle conditionnalité pour le déblocage de tout crédit ou don. Les négociations avancent normalement et aboutissent à un projet d'accord mais le déblocage des fonds ne se fait pas suite à l'impossibilité de mettre sur pied le gouvernement issu des accords de paix. Pour la Banque mondiale et le Fonds monétaire international (FMI), pas question de verser des fonds à un gouvernement devenu illégal[71]. Les finances du pays sont à sec et l'économie en délabrement avancé. Il en sera ainsi jusqu'au 7 avril 1994.

Agathe décrète le 4 août 1993, jour de la signature de l'Accord de paix d'Arusha, férié et payé. Elle souhaite que les Rwandais le célèbrent en liesse. Rien du tout. Ce fut l'indifférence totale. Signe prémonitoire !

Lors du congrès préfectoral extraordinaire du 7 août 1993, Agathe perdit son poste de présidente du MDR-Butare au profit de Jean Kambanda. Son immense capital de sympathie est sérieusement entamé. Il n'aura duré qu'une année.

Malgré ces déboires, courageusement, Agathe entame une campagne d'explication et de vulgarisation des accords d'Arusha pendant que le gros des forces politiques internes vocifère contre

---

tard Gouverneur de la Banque nationale et ministre dans le cabinet du président Paul Kagame avait été recruté pour suivre le programme de réhabilitation de l'Économie et des Finances.
[71] Pender, 1997, p. 6

les mêmes accords qu'elles ont pourtant négociés et signés[72]. Visiblement, Agathe rame à contre-courant de l'opinion de plus en plus dominante : les accords d'Arusha sont déséquilibrés en faveur du FPR et ils ont été imposés par les pays voisins et la communauté internationale.

Lors du meeting de Gitarama, le 24 octobre 1993, Agathe regrette l'attitude de certains Hutu du MDR qui ont oublié l'objectif premier du parti qui consistait à démanteler le régime autoritaire du Président Habyarimana. Elle précise que l'objectif du MDR n'est pas d'unir « ses Hutu avec ceux du MRND et de la CDR, mais de rechercher l'unité du peuple rwandais[73] ». Agathe refuse la solidarité ethnique automatique. Elle prêche dans le désert. La dynamique de polarisation ethnique est en marche. L'assassinat du président hutu Melchior Ndadaye du Burundi a plongé les Hutu du Rwanda dans une peur panique. Plus elle explique que le problème du Rwanda n'est pas ethnique mais politique, plus elle apporte de l'eau au moulin de ceux qui l'accusent de nier l'évidence parce que c'est une complice du FPR confondu abusivement avec les Tutsi. Elle perçoit les dangers des crispations identitaires.

Agathe veut extirper cette malédiction qui semble poursuivre les Rwandais, génération après génération, et les entraîner dans une succession de troubles sanglants et d'hécatombes humaines. Enfermement qui empêche les filles et fils des Mille

---

[72] Seuls la CDR et le Parti démocrate ne les ont pas signés.
[73] Bertrand, 2000, p. 250

Collines de se faire confiance et érige entre eux des barrières artificielles et virtuelles qui, à force de durer, deviennent réelles et dégénèrent en un enchevêtrement de problèmes inextricables et d'exclusions tenaces. Inhibitions qui les empêchent d'explorer l'empathie en lui préférant une conception déshumanisée de l'altérité. Portées au paroxysme, ces identités virtuelles deviendront terriblement meurtrières pour finir par dégénérer en génocide. Agathe assume ses responsabilités car comme dirait Alain Juppé : « La responsabilité d'un homme politique digne de ce nom, ce n'est pas de s'aligner sur la base quand il a le sentiment qu'elle se trompe ».

Pour Agathe, la démocratie ne consiste pas à affirmer que le peuple a toujours raison. Mais consciente de la distance qui sépare sa position du ressenti de la majorité du peuple, elle adopte la stratégie de la pédagogie : expliquer, placer ce peuple devant ses contradictions et ses responsabilités. Le moins que l'on puisse dire est qu'elle n'a pas réussi.

Afin de suivre la mise en application des accords de paix d'Arusha, l'ONU mettait en place une force de maintien de la paix, la MINUAR, dont le contingent belge commandée par le colonel Marchal formait la colonne vertébrale. Agathe va s'efforcer de gagner l'appui de cette force pour faire céder Habyarimana sur certains points clé du processus de paix.

La lune de miel prend fin. Progressivement les choses se corsent entre Agathe et Habyarimana, entre le Premier ministre et son Président de la République.

Des divergences apparurent rapidement sur la question de la rémunération des membres des comités de cellule, échelon de base de l'administration territoriale. Ces milliers de personnes, anciennement cadres de base du MRND parti unique, recevaient une rémunération mensuelle. Le gouvernement de Dr Nsengiyaremye refusa de régulariser les salaires qui leur étaient dus avant l'avènement du multipartisme. Selon Ngirabatware, alors Ministre du Plan, « cette question avait opposé, pendant des dizaines de séances les ministres du MRND et les ministres issus des partis d'opposition. Considérant que cette rémunération octroierait un avantage politique au parti MRND (dans la perspective des élections), les ministres issus des partis d'opposition décidèrent de la bloquer alors que le montant était inscrit dans le budget 1993. Ils refusèrent même le principe alors qu'il aurait fallu au moins accepter la reconduction de cette ligne budgétaire en 1994[74] ». Demander à Agathe de donner des salaires à des anciens membres des structures du parti unique ? C'était mal la connaître ! Elle répondit à la requête des ministres du MRND par un non catégorique et sans retour.

Au cours des négociations, certaines voix proposent que le futur gouvernement élargi au FPR siège à Kinihira et non dans la capitale Kigali.

---

[74] Ngirabatware, 2006, p. 132-133

Agathe s'y oppose et a gain de cause. Le gouvernement et les autres institutions de transition fonctionneront bien à Kigali, à leur place habituelle depuis l'indépendance du pays et même bien avant.

L'essentiel du conflit entre Agathe et Habyarimana trouve son fondement dans la mise en œuvre de l'Accord de paix d'Arusha.

Le rapport d'information de l'Assemblée nationale de la République française du 15 décembre 1998[75] donne un aperçu du contenu de l'accord (voir encadré).

L'ACCORD DE PAIX D'ARUSHA

Le Président de la République est « déshabillé » de ses pouvoirs et réduit essentiellement à un rôle de représentation. Il promulgue, sans droit de veto, les lois et les décrets-lois. Il n'a le pouvoir de nommer aucun fonctionnaire, même le contenu de ses messages à la nation doit être approuvé par le Conseil des Ministres.

Le pouvoir est détenu par un Gouvernement de transition à base élargie (GTBE) composé de 21 membres nommés par les cinq partis politiques composant le Gouvernement de coalition mis en place le 16 avril 1992 et par le FPR. L'attribution des portefeuilles est prédéterminée par les accords : cinq ministères reviennent respectivement au Mouvement républicain pour la démocratie et le développement (MRND) – dont ceux de la Défense et de la fonction publique – et au FPR – dont celui de l'Intérieur. Le Mouvement démocratique républicain (MDR) obtient quatre postes, dont ceux de Premier Ministre – qui sera M. Faustin

---

[75] Voir www.assemblee-nationale.fr/dossiers/rwanda/r1271.asp

Twagiramungu, désigné à l'article 6 de l'accord de paix – et de Ministre des Affaires étrangères, le Parti social démocrate (PSD) et le Parti libéral (PL) trois chacun, et le Parti démocrate chrétien (PDC) un seul. Toute décision doit être prise à la majorité des deux tiers, c'est à dire par au moins quatorze voix sur vingt-et-une.

Il est prévu également une Assemblée nationale de transition d'environ 70 membres, qui est une émanation des partis politiques agréés et du FPR, à condition toutefois que ces partis « adhèrent et respectent les dispositions contenues dans l'accord de paix » (article 61 du protocole du 9 janvier 1993). Cette précision vise à l'évidence la CDR qui n'a eu cesse de dénoncer ces accords. L'Assemblée vote la loi et le budget et a la possibilité de renverser le Gouvernement à la majorité des deux-tiers.

En ce qui concerne l'administration territoriale, l'article 46 du protocole du 30 octobre 1992 prévoit d'écarter « de façon urgente et prioritaire (...) les éléments incompétents ainsi que les autorités qui ont trempé dans les troubles sociaux ou dont les actions constituent un obstacle au processus démocratique et à la réconciliation nationale. En tout état de cause, toutes les autorités locales (bourgmestres, sous-préfets, préfets de préfecture) devront avoir été soit remplacées, soit confirmées dans les trois mois de mise en place du GTBE ».

L'accord d'intégration militaire, signé seulement le 3 août 1993, a été le plus difficile à négocier. Il y est prévu que la future armée nationale comptera 19 000 hommes dont les forces gouvernementales fourniront 60% des effectifs et le FPR 40% ; au niveau des postes de commandement toutefois, du bataillon à l'état-major, la proportion sera de 50-50, avec la pratique du principe de l'alternance : les postes de commandant et de commandant en second ne pourront être occupés par la même force. Le poste de chef d'état-major de l'armée est attribué à un membre des FAR et celui de chef d'état-major de la gendarmerie à un militaire du FPR.

Le calendrier prévu pour la période de transition distingue deux phases. Dans un premier temps, les institutions de transition seront mises en place dans un délai de 37 jours suivant la signature de l'accord, soit avant le 10 septembre 1993 ; dans un second temps, une période de transition, d'une durée maximale de vingt-deux mois, devrait se conclure par la tenue d'élections nationales.

La clef de voûte des accords est constituée par le déploiement d'une force internationale, demandée par le FPR et prévue par le protocole relatif à l'intégration des forces armées (article 53 et suivant), qui se substituera aux forces françaises encore présentes au Rwanda. Le FPR avait longtemps marqué une préférence pour une force de l'OUA, ce à quoi s'opposait le Gouvernement rwandais en partie parce qu'il considérait l'OUA comme pro-FPR mais surtout parce qu'il estimait que seule l'ONU pouvait mener cette opération à bien, en raison de son expérience de ce type de mission. Cette position était soutenue par la France. Le FPR s'est finalement rallié à ce choix.

Les accords prévoyaient également que pour assurer sa sécurité, le FPR pourra installer à Kigali un bataillon de six cents hommes équipés seulement d'armes légères.

Le 10 décembre 1993, Agathe approuve la proposition de Jacques-Roger Booh Booh d'installer le bataillon militaire de 600 combattants du FPR chargé d'assurer la sécurité des personnalités du Front dans les bâtiments du Conseil national de développement (CND). Pour elle, l'équation est simple : il faut tout faire pour installer le gouvernement et le parlement de transition et ramener la paix au plus vite. Inutile de tergiverser sur des détails. Le Président de la République aurait préféré que le bataillon rebelle soit installé au camp Kami, situé à environ une vingtaine de kilomètres du centre -ville de Kigali. Il finit par s'incliner malgré l'avis de ceux qui lui font remarquer que c'est une humiliation doublée d'une menace potentielle, car le CND se trouve sur le chemin qu'il emprunte quotidiennement pour se rendre dans ses bureaux en ville ou au Village Urugwiro et pour en repartir.

Jusqu'au 6 avril 1994, Agathe tente désespérément d'appliquer cet accord pour se débarrasser au plus vite de Habyarimana ; mais ce dernier tente par tous les moyens de contrer les dispositions qui le mettent hors-jeu et surtout celles qui risquent de le trainer en justice.

Dilemme face l'assassinat de Melchior Ndadaye

Le 21 octobre 1993, le Hutu Melchior Ndadaye, fraîchement élu démocratiquement Président de la République du Burundi, est assassiné par des responsables militaires putschistes, seulement trois mois après son investiture le 10 juillet 1993. Son parti, le Front pour la démocratie au Burundi (FRODEBU) avait également remporté les élections législatives du 29 juin. Un coup d'arrêt est mis au processus démocratique initié par le Président Buyoya avec la promulgation le 5 février 1991 de la Charte de l'unité nationale.

De Kigali, le ministre burundais de la santé, Jean Minani appelle à la résistance, et à une intervention armée internationale pour assurer la protection du gouvernement légal. Agathe est embarrassée. En tant que démocrate, elle se doit de condamner un coup d'État militaire qui met fin aux choix du peuple, exprimé librement et démocratiquement, et de désapprouver ceux qui ont organisé les élections mais refusent de se plier devant la réalité des résultats des urnes. Les images diffusées par la télévision rwandaise montrant des corps des victimes de la répression, flottant dans les rivières Akanyaru et Nyabarongo, lui sont insoutenables. Agathe sait que ces images sont vraies. Le directeur de l'Office rwandais d'information (ORINFOR), en qui elle a toute confiance, à cause de son grand professionnalisme et son appartenance à sa mouvance politique au sein du MDR, s'est rendu personnellement sur le terrain pour constater les faits. Il a autorisé la diffusion des images parce qu'il estimait que « la meilleure façon de faire cesser des tueries était de les dénoncer auprès de l'opinion publique internationale[76] ».

Certains membres de l'opposition accusent le directeur d'être de collusion avec le MRND. Tandis que les ténors du MRND, eux l'accusent de ne pas faire suffisamment de reportages sur les atrocités au Burundi, à cause, prétendaient-ils des ordres qu'il recevrait du Premier ministre désigné

---

[76] Higiro, 1999, p. 33

Twagiramungu et du Premier ministre Uwilingiyimana.[77]

De l'autre côté, Agathe constate qu'au Rwanda, ce coup d'État et cet assassinat ont semé la panique dans les rangs des Hutu et a contribué à les ressouder contre ce qu'ils considèrent comme « l'impossibilité des Tutsi d'accepter la démocratie au Burundi et au Rwanda ». Ceci renforce la polarisation ethnique, configuration contraire à sa vision de l'avenir des deux pays jumeaux. De plus, elle n'est pas dupe. Elle voit bien que ceux qui vocifèrent contre ce putsch ne le font pas nécessairement pour leur attachement aux valeurs de la démocratie. Parmi eux figurent, en bonne place, des anciens putschistes rwandais et leurs suppôts, ceux qui même dans le cadre du parti unique, manipulaient les résultats des élections pour faire croire que le peuple a voté Habyarimana à cent pour cent ou organisaient d'autres tricheries pour écarter les candidatures non désirées. Parmi les détracteurs du coup d'État et de l'assassinat figurent également des voyous qui terrorisent la population à Kigali et les animateurs des médias sectaires qui malmènent Agathe à longueur de jours ou de parutions. Impossible de mêler sa voix à la leur.

Agathe a sillonné le pays en commençant par les endroits ayant accueilli près de 350000 réfugiés burundais récemment entrés au Rwanda. Ainsi, elle a visité les points chauds à Butare (Gishamvu, Nyakizu), au Bugesera, à Kibungo et au Mutara.

---

[77] Higiro, 1999, p. 33

Toujours avec le même message : Nous compatissons au malheur qui a frappé nos sœurs et frères voisins mais évitons de céder à la panique et d'ajouter des malheurs aux malheurs en recourant à la violence ou en nous en prenant à nos voisins qui ne sont pour rien dans ces malheureux événements du Burundi. Nous avons suffisamment de problèmes ici chez nous. Nous sommes en train de leur chercher des solutions notamment avec l'accord de paix d'Arusha. Allons de l'avant ; ne régressons pas.

Agathe aurait confié également à la journaliste belge, Colette Braeckman, sa peur des répercussions négatives du putsch, perpétré par l'armée burundaise contre le président démocratiquement élu, sur le processus de paix au Rwanda. Elle lui aurait déclaré être intervenue personnellement pour éviter que les 350 000 réfugiés burundais accueillis dans le sud du Rwanda ne se livrent à des activités déstabilisatrices contre leur pays d'origine. Elle assure avoir pris des mesures draconiennes allant jusqu'à interdire des exercices de gymnastique de peur qu'ils ne soient utilisés comme prétexte pour camoufler des entrainements militaires. Elle ajoute qu'elle ne pourra pas assister aux funérailles du défunt président Ndadaye car sa sécurité ne serait pas garantie.[78]

En ma qualité de président de l'association des parents de l'École technique de Kansi, sise à

---

[78] *Le soir* (Belgique) du 6 décembre 1993. Rubrique « À bout portant » à la p. 2.

Nyaruhengeri, je discute avec Agathe du soutien qu'elle pourrait apporter à l'établissement. Plusieurs projets sont exposés. Elle écoute attentivement mais ne prend aucun engagement. Lors de cette conversation, je réalise que c'est la première fois que je la vois comme femme de pouvoir, alliant l'autorité et le charme. Instinctivement, je me demande d'où vient cette vitalité par les temps qui courent. Calme et détendue, elle me fait un rapide tour d'horizon de la situation politique. D'après elle, *Ikinani*[79] – elle avait pris l'habitude de l'appeler ainsi, du moins dans le cadre privé –, ancien Président-Fondateur du parti unique, omniscient et omnipotent, a été ravalé au rang d'un homme honni par son peuple et discrédité internationalement. En cela, elle exagère un peu mais elle n'a pas totalement tort. Plus d'un observateur s'était étonné de la rapidité avec laquelle l'effondrement du mythe Habyarimana s'était opéré.

Dans les cases de Kigali, on racontait que lors des toutes premières manifestations contre son pouvoir, il avait pris l'hélicoptère présidentiel pour survoler les impressionnants cortèges et qu'au retour, il aurait demandé à ses collaborateurs : « D'où viennent ces gens ? Sont-ce ces mêmes gens dont vous disiez qu'ils votaient pour moi à 100% ? » C'est incroyable comme il est si facile et rapide d'effacer les effets du culte de la personnalité ! Le

---

[79] Surnom de Habyarimana signifiant l'Invincible. Ce nom désignait le tambour des audiences du roi Cyilima I Rugwe qui régna sur le Rwanda de 1345 à 1378 selon Kagame, 1972, p. 116.

long exercice du pouvoir lui avait-il fait oublier la célèbre fable « Le corbeau et le renard » dans laquelle La Fontaine conclut : « Apprenez que tout flatteur vit aux dépens de celui qui l'écoute ».

Agathe me dit – ce n'est pas la première fois – qu'elle regrette que certaines personnes veuillent défaire le partenariat stratégique, signé avec le FPR à Bruxelles en 1992, avant qu'il ne porte ses fruits : chasser Habyarimana et sa clique. Elle remarque : « Imagine-toi, cela fait vingt ans que ce type est au pouvoir, sans compter trois décennies pendant lesquelles il a été Ministre de la Défense ».

Je lui suggère de travailler sa communication, d'éviter des improvisations et de redresser son image. Je lui conseille d'être prudente car Habyarimana a justement une armée derrière lui. Certes en voie de déliquescence mais armée qui conserve une certaine capacité de nuisance. Elle écoute mais cela ne semble pas l'inquiéter outre mesure.

Difficile de lui faire comprendre que les problèmes du Rwanda sont plus complexes et que la mise à l'écart de Habyarimana est une condition nécessaire mais non suffisante pour l'établissement de la démocratie et l'ouverture de la voie vers la prospérité pour tous. Pourtant, une année de multipartisme raté le démontrait même aux observateurs les plus paresseux. Les présidents des partis se comportaient déjà comme des apprentis dictateurs. En un temps record, de petites cours de courtisans et de griots s'étaient déjà formées autour d'eux. À croire que la courtisanerie et le griotisme sont inscrits dans le patrimoine génétique des Rwandais. Les ressources des ministères sous tutelle de l'opposition étaient vandalisées, comme aux temps du MRND parti unique, si pas pire. À ces observations, elle répond que justement sa tâche est de réduire au minimum ce temps de flottement pour que les institutions légitimes rétablissent l'autorité de l'État. Elle me donne l'impression d'une femme déterminée, bien dans sa peau, et qui sait ce qu'elle veut.

Les choses se gâtent quand commencent les préparatifs pour la mise en place du gouvernement, de l'Assemblée nationale et des autres institutions prévues par l'Accord de paix. Fin 1993 et début 1994, Agathe s'assure qu'aucune décision contraire à ses options ne sera prise. En cela, elle a l'appui d'un allié de poids, le président de la Cour constitutionnelle Joseph Kavaruganda. D'après Jacques-Roger Booh Booh celui-ci se serait dit « prêt, si la MINUAR pouvait le protéger et l'appuyer, à présider les cérémonies de prestation de serment des députés et ministres sur la base des listes que présenteront Madame le Premier ministre du gouvernement de transition et le Premier ministre désigné du gouvernement de transition à base élargie[80] ». Sans l'accord du président en exercice. Sous d'autres cieux, cela s'appelle passer en force.

Habyarimana sait qu'il a perdu la guerre. Dans les chancelleries occidentales, la rumeur circule qu'à

---

[80] Booh Booh, 2005, p. 85

un certain moment, il aurait même envisagé de se retirer du pouvoir si des garanties lui étaient données ainsi qu'à sa famille élargie. D'autres rumeurs courent dans Kigali qu'il fait trainer les négociations en longueur en cherchant une voie de sortie qui l'épargnerait de l'*impeachment* (destitution) ou d'être trainé dans les tribunaux pour cause d'assassinat des leaders du sud après le coup d'État de 1973 et de violations des droits humains commises pendant la guerre dans les régions de Kibilira, Bugesera et contre les Bagogwe en préfectures de Ruhengeri et Gisenyi.

D'après ses détracteurs, même si ce n'est pas lui qui a ordonné ces massacres, la gestion de ces dossiers aurait été tardive et ambiguë. Il semble que c'est pour dissiper cette peur, débloquer la situation, et mettre les institutions de transition en place, lors de la réunion des partis politiques tenue à l'hôtel Méridien le 18 février 1994 sous la présidence de Faustin Twagiramungu, en présence d'Agathe, « les représentants du PSD avaient alors suggéré d'accorder une amnistie au Président Habyarimana et aux autres dignitaires du MRND qui auraient des raisons de craindre qu'une fois mise en place, l'Assemblée nationale de transition (ANT) allait les traduire en justice comme colporté par la rumeur qui circulait à l'époque. La réaction immédiate des représentants du MRND et du Directeur de cabinet du Président, Ruhigira Enoch, a été le rejet de cette idée…[81] ».

---

[81] Karemera, 2006, p. 39

Les deux protagonistes n'ont pas le même background. Habyarimana a derrière lui une longue histoire de chef d'état-major de l'armée, de chef des renseignements, de ministre de la défense, de président du parti unique, de chef suprême de la magistrature, de Président de la République. Président de tout. Des crimes et des injustices, commis notamment par ses valets et autres profiteurs du système pendant presque deux décennies, sont inscrits à son passif.

Agathe, elle, est propre et neuve. Son passé vierge ne charrie pas d'affaires louches. Son inexpérience en politique et son excès de confiance en elle sont ses seules faiblesses. Deux ans au gouvernement, après une carrière de fonctionnaire moyen dans un pays sans tradition démocratique, dirigé par un régime autoritaire, ne sont pas assez comme temps d'apprentissage politique.

Habyarimana et Agathe se battent dans une sorte de guerre chirurgicale dans laquelle chaque point de suture compte. Agathe ne se rend pas compte que son action enfermait Habyarimana dans une impasse et qu'elle-même se met dans une situation semblable. Aucune porte de sortie n'est possible pour les deux antagonistes. Aucun des deux ne peut gagner le bras de fer. Le match ne peut que se solder par un zéro-zéro. Ce fut le cas, quelques mois plus tard. Cette confrontation finira par les emporter, tous les deux en moins d'une dizaine d'heures d'intervalle.

L'aile majoritaire du MDR, opposée à Agathe, supplie Habyarimana, mains jointes, pour être intégrée dans les institutions de transition. Pour Agathe, pas question de faire revenir ses adversaires les plus farouches et qui, pire encore, ont embrassé l'idéologie du PARMEHUTU. Comme il est de coutume en politique, ce sont les divergences entre frères ennemis issus des mêmes camps qui dégénèrent rapidement en haines les plus tenaces et les plus durables. Ils sont prêts à « poignarder » l'autre pour arriver. Il en sera ainsi entre les membres des deux fractions du MDR, même encore aujourd'hui, alors que toute perspective de participation au pouvoir s'est éteinte depuis un quart de siècle.

Habyarimana a compris qu'il a une opportunité de parachever la destruction du MDR, le principal parti d'opposition. Il applique une maxime bien connue au Rwanda : *Usenya urwe umutiza umuhoro* (À celui qui détruit sa maison tu prêtes les outils pour hâter sa démolition). La tactique consiste à nouer une alliance avec ceux qui ont été écartés en juillet 1993 pour affaiblir son Premier ministre et son futur Premier ministre Faustin Twagiramungu. Après avoir attisé le conflit entre factions du MDR, il va jouer désormais les arbitres et les conciliateurs ! Machiavel, le célèbre Florentin, n'aurait pas mieux fait.

Au PL, l'autre grand parti opposé à Habyarimana, la situation a évolué de la même façon qu'au MDR. Il s'est fissuré suivant la fracture ethnique. Les calculs politiques ayant facilité l'Accord d'Arusha ont été rompus.

À partir d'octobre 1993, les négociations sont entamées entre d'un côté Habyarimana et le comité directeur du MRND et de l'autre la tendance majoritaire du MDR et la branche minoritaire du PL pour écarter la Première ministre, nommée il y a à peine deux mois, et la remplacer par Jean Kambanda. Agathe comprend parfaitement qu'en cas de succès de la manœuvre, son combat serait compromis et sa carrière politique ruinée. Ceci la rend encore plus déterminée à ne rien céder.

D'une configuration tripolaire – mouvance présidentielle, opposition intérieure, FPR – on est passé à une bipolarisation –mouvance présidentielle, FPR – sur fond de décantation ethnique. Désormais, chacun est sommé de se ranger clairement dans un camp : pour ou contre Habyarimana ? Pour ou contre le FPR ? Situation on ne peut plus clivante et conflictuelle. Habyarimana y voit une chance unique pour écarter la possibilité pour les forces qui lui sont hostiles d'organiser l'*impeachment* ou le trainer en justice. Mais il résiste aux pressions de certaines personnalités qui prônent la dissolution pure et simple du gouvernement fantomatique d'Agathe.

Pour Agathe, c'est un véritable cauchemar de voir Nzirorera, que l'on croyait écarté, revenir au premier plan dans le cercle des négociateurs pour la mise en place du gouvernement de transition. L'idée que Habyarimana et Nzirorera puissent manœuvrer et conserver les manettes du pouvoir lui est insupportable. Pourquoi aurait-elle lutté ? Qu'aurait été le sens de son engagement politique ?

Malheureusement pour Agathe, dans le pays profond, les populations appauvries sont dégoutées des divisions entre les partis politiques et les personnes en qui elles avaient placé leur confiance. À peine formés, les partis se sont transformés rapidement en mafias au service des intérêts des cliques. Pour le peuple, ils sont « tous les mêmes ». Le sentiment de profonde déshérence envahit de plus en plus le peuple des collines. L'idée que finalement Habyarimana est le seul capable de tenir la barre fait du chemin. La situation revient peu à peu à la case départ. Presque comme avant 1990. Quel gâchis ! Tout ça pour ça ! Comme dirait l'autre.

Très affaibli militairement, Habyarimana est remis en selle politiquement grâce aux divisions au sein des partis. Il a retrouvé la confiance en lui-même. C'est ainsi qu'il dit à Bernard Debré, ministre français de la coopération : « Il faut m'aider à calmer les Tutsi et les Hutu extrémistes pour que je puisse attendre les élections générales qui auront lieu dans deux ans, je les gagnerai sans difficulté car les Hutu représentent 80% des votants[82] ».

Cette nouvelle configuration politique est inacceptable pour ceux qui des années durant l'ont âprement combattu et étaient parvenus à réduire son rôle à celui de « roi fainéant », juste bon pour inaugurer les chrysanthèmes. Agathe fait partie de ceux-là. Durant son court mandat, Agathe estimait, en tant que Premier ministre, que c'était elle qui

---

[82] Debré, 2006, p. 195

gouvernait et non le président. Elle ne manquait pas l'occasion de le lui faire savoir.[83]

Face à l'incapacité des responsables des partis MDR et PL de se mettre d'accord sur les listes des ministres et des députés devant les représenter dans le gouvernement et l'Assemblée nationale de transition, « Agathe Uwilingiyimana, la Première ministre, a choisi de trancher sur le vif. Elle a publié le 3 janvier 1994, après avoir pris en compte les positions raisonnables des partis politiques, la liste de tous les députés qui devaient prêter serment le 5 janvier[84] ». Avait-elle le droit de décider à la place des responsables des partis ? Assurément non. Mais, elle n'en avait cure puisque sa propre nomination à la fonction de Premier ministre avait été opérée en dehors des dispositions statutaires de son parti. C'est à croire qu'Agathe avait changé à force de fréquenter des caïmans du marigot politique. Suivre son tempérament de fonceuse en pareil contexte était risqué et dangereux pour le pays et pour elle.

Le 5 janvier 1994, la cérémonie d'installation des institutions de transition échoue. Comme prévu par les accords d'Arusha et par le programme de la journée, le Président de la République prête serment devant le président de la Cour constitutionnelle. Ce dernier en profite pour improviser une admonestation rappelant que ce n'est pas de gaieté de cœur que le président vient de signer mais que

---

[83] Raffin, 2012, p. 74
[84] Booh, 2005, p. 77

c'est contraint et forcé car il avait auparavant qualifié ces accords de « chiffon de papier ». Habyarimana écoutait sans broncher. Pendant que l'assistance médusée se pose des questions sur cette sortie du président de la Cour constitutionnelle, le Président de la République prend la parole pour dire que la cérémonie de prestation de serment des députés qui devait suivre est reportée à 15h et invite l'assemblée à se retrouver dans la même salle.

Dans l'après-midi, le Président est présent mais ni le Premier ministre, ni le Premier ministre désigné, ni le président de la Cour constitutionnelle, ni le FPR n'est présent. La journée se termine en fiasco total. Interrogé par un journaliste sur son absence au rendez-vous fixé par le chef de l'État dans l'après-midi du 5 janvier 1994, Joseph Kavaruganda a répondu qu'il ne s'y était pas rendu parce que Madame la Première ministre le lui avait interdit[85] dans une lettre lui adressée et partagée avec tous les partis politiques. Cette lettre n'indiquait pas les raisons du report de la cérémonie et ne suggérait aucune date alternative. Par cet acte d'autorité, Agathe avait tenu à marquer son territoire et peut-être à l'étendre. Ceci n'a pourtant pas empêché le général Dallaire, commandant des forces des Nations unies au Rwanda, de constater le contexte de vacuité du pouvoir et de grande confusion en ces termes :

> À ce point-ci, beaucoup de gens se demandaient qui était en possession du pouvoir. Qui était

---

[85] Karemera, 2006, p. 28

responsable du gouvernement ? Était-ce Madame Agathe avec son gouvernement intérimaire, dont le mandat avait expiré depuis la fin du mois de décembre ? À qui revenait la responsabilité de trouver la solution ? À Faustin Twagiramungu ? Booh Booh ?[86]

Le 8 janvier 1994, en accord avec le Premier ministre désigné, le président de la Cour constitutionnelle et les parties ou fractions de partis opposés à Habyarimana, elle décida d'organiser la cérémonie de prestation de serment en l'absence du Président de la République. Même la MINUAR, qui pourtant n'avait aucune sympathie pour Habyarimana, considéra cette démarche comme inopportune. La rumeur de cette éventualité provoqua de violentes manifestations qui auraient pu dégénérer en chaos, n'eut été l'intervention rapide et efficace de la gendarmerie nationale. Agathe et ses conseillers avaient-ils bien réfléchi sur la portée et les conséquences de ce coup de force ? Avaient-ils pris des mesures de précaution nécessaires contre une réaction violente de la Garde présidentielle, des FAR et des forces politiques coalisées autour de Habyarimana ? Quelle imprudence ! Encore une fois, l'on est en droit de se demander si Agathe n'était pas soit mal conseillée soit manipulée.

Jacques-Roger Booh Booh décrit comment Agathe a humilié publiquement Habyarimana ce même 8 janvier 1994 en le traitant de fourbe et de

---

[86] Dallaire, 2003, p. 255

menteur, lors d'une réunion rassemblant les partis politiques, le FPR, et les représentants de la communauté internationale.

À sa table de travail, le président était entouré de son staff civil et militaire ainsi que de ses amis politiques du MRND. Mme Agathe Uwilingiyimana, Première ministre, est venue avec les membres de son cabinet qui représentaient ainsi les partis de la coalition gouvernementale. Monsieur Patrick Mazimpaka, premier vice-président du FPR, dirigeait une importante délégation de son parti. Comme invités étrangers, on notait la présence de l'Ambassadeur de Tanzanie qui représentait le facilitateur, puis le Représentant spécial du Secrétaire général de l'ONU que j'étais... D'entrée de jeu, le Président Habyarimana a engagé une vive polémique avec sa Première ministre Agathe Uwilingiyimana qu'il accusait d'avoir fait échouer les cérémonies de prestation de serment des députés et des ministres le 5 janvier. Il a prétendu que pendant qu'il recherchait une solution de compromis au sein du parti libéral et du MDR, la Première ministre avait rendu publique une liste de députés controversée et unilatérale qui a failli provoquer des incidents graves au palais du CND et qui, de toutes les façons, a couvert toute la classe politique rwandaise de ridicule devant l'opinion nationale et internationale. Visiblement blessée dans son amour propre, Madame la Première ministre a interpellé sans management le chef de l'État, le traitant de fourbe qui chercherait à faire échouer l'accord de paix d'Arusha qu'il n'a pas hésité à appeler quelque part « chiffon de papier ». Prenant le Représentant spécial et l'Ambassadeur de Tanzanie à témoin, Madame la Première ministre, très indignée, a déclaré que « les Rwandais sont des menteurs et que cela fait partie de leur culture. Dès le jeune âge on leur apprend à ne pas dire la vérité surtout si cela peut leur nuire », et a conclu que « le premier menteur du pays c'est Habyarimana », qu'elle a pointé du doigt… Le divorce était consommé entre le président et la Première ministre.[87]

L'incident reporta à plus tard la nième tentative de sortir le pays de l'enfer dans lequel il s'enfonçait inexorablement. Sur le moment, la tactique d'Agathe avait produit l'impact voulu car après cette réunion avortée, beaucoup d'observateurs nationaux et internationaux furent convaincus que Habyarimana était bel et bien « le plus grand diviseur commun » des Rwandais, comme certains le surnommaient déjà.

Ainsi donc, quelques jours avant l'Apocalypse, les lois de fonctionnement de la jungle s'étaient inversées, la gazelle malmenait le lion, devant le reste des animaux médusés. Au Roi de la Forêt, jadis craint et respecté, invincible et invaincu, il ne restait que quelques crocs, quelques griffes et quelques jours. Le règne avait trop duré mais le Roi, ses aides de camp et ses flagorneurs peinaient à vouloir le prolonger. Rien d'étonnant qu'un chasseur, venu du Pays plat, un certain Willy Van den Rugigana, se senti obligé de l'avertir, devant témoins, « Il est minuit moins cinq, Majesté Roi ». Était-ce le flair d'un chasseur expérimenté ou un bref compte-rendu du Conseil des HyperLions? Toujours est-il qu'à minuit pile, l'irréparable se produisit et la Forêt

---

[87] Booh Booh, 2005, p. 80-81

s'embrasa. Morale de l'Histoire : il est dangereux de s'éterniser au pouvoir.

Mais, Habyarimana n'entend pas abdiquer si facilement. Comme disait l'autre : le pouvoir est une drogue qui domine quiconque y goûte. L'élixir du pouvoir finit par rendre sourd et aveugle. Comme on dit en kinyarwanda : *Amata menshi amena amatwi* (Trop de lait rend sourd = L'excès de richesse ou de pouvoir rend insensible à la réalité et ne permet pas de prendre la juste mesure des événements).

Cette confusion des rôles au sommet de l'État n'est pas spécifique au Rwanda même si dans le cas de figure, elle eut des conséquences catastrophiques. Avec le vent de démocratisation qui a soufflé sur l'Afrique dans les années1990, on a assisté un peu partout à des gouvernements dits de transition dans lesquels les chefs d'État contestés (Kérékou au Bénin, Sassou Nguesso au Congo, Eyadéma au Togo, Mobutu au Zaïre-Congo…) cohabitent avec des premiers ministres et des ministres issues des organisations qui les combattent.

On vit alors des premiers ministres et des ministres attaquer quotidiennement et publiquement le Président de la République et s'opposant à toute initiative de leurs collègues du camp présidentiel. Et les membres de ce dernier camp rivalisent dans cette entreprise de démolition nationale. Partout le même résultat : cacophonie, chienlit, désintégration et chaos. Il est tragi-comique d'être premier ministre ou ministre tout court et se dire être dans l'opposition. C'est un non-sens inventé par des élites africaines pour se partager le gâteau national, sur le dos des populations pauvres. Et que penser de ces Présidents de la République, hier tout puissants et qui s'accrochent désespérément à leurs fauteuils chancelants au point de se voir insultés et malmenés par leurs soi-disant ministres ? Fermons la parenthèse.

Lors d'une conférence de presse tenue le 23 février 1994, Habyarimana s'exprime en ces termes : « Nous avons deux Premiers ministres, un pour un gouvernement qui ne fonctionne plus et l'autre pour un gouvernement qui n'a pas encore réussi à se former ». Comprenez, je suis la seule autorité légale, d'autant plus que je suis le seul à avoir été investi comme Président de la République, le 5 janvier 1994

Il est possible qu'Agathe ait adopté cette posture de confrontation permanente avec Habyarimana pour masquer sa propre faible surface politique et sa vulnérabilité. Dans son livre, *La fin tragique d'un régime*, le dernier directeur de cabinet du Président Habyarimana, qui la voyait fréquemment pour le compte de son patron, la décrit comme un Premier ministre désorienté à un moment critique.

> Après novembre 1993, il était très difficile de connaître les positions du Premier ministre, car presque chaque fois après l'audience avec le président, elle me téléphonait pour retirer ou contredire les propos qu'elle avait tenus pendant l'audience avec le président. Nous soupçonnions qu'elle avait des différends avec le Premier ministre désigné et n'avait d'autres choix que de s'aligner sur

les positions de ce dernier, ce qui la mettait dans une situation intenable. Le programme du gouvernement d'Agathe Uwilingiyimana manquait de substance et son autorité avait fortement diminué ce qui devenait encore plus apparent après la signature de l'Accord de Paix en août 1993. Les manœuvres politiques se concentraient dans les partis politiques. Au Conseil de gouvernement, Agathe ne pouvait compter ni sur les ministres du MRND, ni sur les ministres de l'opposition qui avaient l'habitude de s'aligner en bloc derrière le Premier ministre du temps de Dismas Nsengiyaremye. Et le Premier ministre désigné (PMD), lui aussi affaibli ne pouvait que compter sur une partie minoritaire dans sa propre famille politique.[88]

Ainsi, Agathe ne pouvait compter que sur l'appui de Faustin Twagiramungu, du FPR et de la communauté internationale. Or, le PMD, empêtré dans les tractations avec les partis politiques en décomposition et dans les jeux croisés d'ambitieux voulant des postes de pouvoir dans la transition et dans l'après transition avait des positions changeantes qui déroutaient Agathe et la décrédibilisaient. Quant au FPR et à la communauté internationale, ils avaient leurs intérêts et leurs propres agendas. Leur souci premier n'était pas de rendre plus aisée la tâche du Premier ministre.

Plus d'une fois, je me suis surpris à penser : Et si Agathe n'avait pas de liberté de manœuvre et ne faisait que de la figuration intelligente ? Mais, connaissant l'application qu'elle mettait d'habitude

---

[88] Ruhigira, 2011, p. 180-181

à défendre ses idées, j'écartais immédiatement cette hypothèse.

Telle était la situation d'Agathe dans cette jungle minée, pleine de vipères, de scorpions, de vautours qu'était devenue la scène politique rwandaise. Elle essayait désespérément de manœuvrer entre des hommes obnubilés par leurs intérêts égoïstes, considérant les commandes du pays comme un butin à accaparer. Ces hommes et femmes étaient incapables de se hisser à la hauteur des défis et des situations, pour épargner les malheurs à un peuple déjà martyrisé. Agathe, seule au cœur des ténèbres, préludes à l'apocalypse. En sortir vivante aurait tenu du miracle. Terrible situation pour une jeune femme sans expérience politique, sans force militaire et sans réseau personnel puissant à son service.

Pourtant Agathe détenait une carte qu'elle n'a pas jouée : la démission. En menaçant de présenter sa démission avant la prestation de serment de Habyarimana le 5 janvier 1994, elle aurait placé toutes les parties prenantes le dos au mur et les aurait forcées à trouver un compromis pour sortir de l'impasse. Agathe n'avait probablement pas lu Charles de Gaulle, qui aurait dit que pour un ministre, le départ peut être un service rendu à l'État.

N'ayant pas d'autre alternative, le Premier ministre désigné aurait été acculé. Habyarimana aurait été le premier à céder. Il avait déjà repoussé l'idée de la démettre, alors que certains parmi ses proches ne cessaient de le lui conseiller. Le coût politique lui avait paru très élevé par rapport aux bénéfices attendus. Ce n'est que plus tard, fin février 1994, que Habyarimana fut acquis à l'idée de démettre Agathe et de la remplacer par Jean Kambanda. La manœuvre de mettre les forces politiques, le FPR et la communauté internationale devant un fait accomplit échoua, paraît-il, à cause des fuites opérées par certains des participants à la dernière réunion secrète organisée à cet effet.

En écartant de mettre sa démission sur la table avant le 5 janvier 1994, Agathe n'a pas agi en politicien. Elle a pensé aux autres avant de penser à elle. Elle a poussé la loyauté envers Faustin Twagiramungu qui l'avait fait nommer, à l'extrême limite. L'équipe autour d'elle manquait de stratèges. Agathe le prenait mal quand on le lui faisait remarquer tellement elle avait confiance en ses collaborateurs. Il faut admettre qu'il fallait du courage ou alors beaucoup d'inconscience ou d'opportunisme pour accepter de faire partie de son staff dans ces jours de braise.

Cependant, quand on la connaît, cette interrogation peut être tempérée. Dans sa logique et suivant son tempérament, démissionner s'apparentait à de la lâcheté. Une anecdote à ce sujet. Un jour de fin 1992, je rencontre Agathe, alors Ministre de l'Enseignement primaire et secondaire.

— Je profite de l'occasion pour te dire que j'ai pris la décision de démissionner de la direction de l'Office pour la commercialisation des produits vivriers et animaux (OPROVIA). L'ambassade du Canada m'a offert un poste de Conseiller en développement rural. Je ne souhaiterais pas que tu l'apprennes de quelqu'un d'autre.

— Quoi ? Sérieusement ? Les gens se battent pour avoir des postes dans la haute administration et toi tu n'en veux pas.

— Justement, je suis dégoûté par ce que j'y vois : magouilles, mesquineries, coups bas, pillages. Les gens se comportent comme des rats affamés qui se disputent un morceau de fromage. Les apprentis politiciens ne sont pas au niveau des enjeux. Je veux prendre de la distance.

— Cesse ton arrogance (*hagarika ubwirasi*). Nous travaillons pour assainir l'administration. Au lieu de nous rejoindre et nous aider, ce que tu trouves, c'est fuir et aller te planquer dans une ambassade. Cela s'appelle de la lâcheté.

— Voilà que tu me traites comme tu traites Habyarimana dans les meetings.

Elle rigole et détourne la conversation sur un autre sujet. Le mot « abandon » ne faisait pas partie de son vocabulaire et sa volonté de lutter pour faire triompher ses idées ne la quittera pas jusqu'à l'heure de sa mort.

Agathe adopta une autre stratégie qui se révéla désastreuse : paralyser son propre gouvernement et l'empêcher de fonctionner. Cela s'appelle scier la branche sur laquelle on est assis.

Pour manifester l'absence d'un gouvernement légitime, Agathe Uwilingiyimana refusa obstinément d'accéder aux demandes de convoquer les Conseils de gouvernement formulées par les ministres MRND, Parti libéral (PL) et Parti démocrate chrétien (PDC) dans des correspondances lui adressées les 14 et 21 janvier et le 28 mars 1994. La seule exception fut la réunion tenue le 29 février 1994. Elle rétorquait que son gouvernement était démissionnaire et qu'ils devaient plutôt cesser de bloquer l'installation des institutions reconnues par les accords d'Arusha

Et pourtant, le 19 janvier 1994, elle ne se prive pas de tancer le Ministre de la Défense, lui reprochant de ne pas user des compétences que lui conférait la loi pour récupérer les armes distribuées à la population civile. Ceci lui vaudra, une fois de plus, d'être accusée de complicité avec le FPR, car selon ses détracteurs, elle s'opposait à la protection de la population que son gouvernement ne pouvait ou ne voulait pas assurer.

Dans son esprit, ce refus visait à faire pression sur Habyarimana pour qu'il mette en place le Gouvernement de transition à base élargie (GTBE) et un parlement avec des ministres et députés MDR appartenant à l'aile de Faustin Twagiramungu et Agathe et les personnalités du PL favorables à la tendance Landoald Ndasingwa. C'est aussi pour cela qu'elle s'était également opposée à l'inclusion d'un député du parti Coalition pour la défense de la République (CDR) au sein du parlement de transition malgré les pressions exercées par les missions diplomatiques à Kigali et l'ensemble des Églises Chrétiennes du Rwanda. Ses relations avec la CDR vous seront décrites plus tard dans ce livre.

L'argument d'Agathe comme quoi son gouvernement sortant issu de la coalition des partis ne pouvait pas travailler dans le nouveau cadre inauguré par la prestation de serment du chef de l'État le 5 janvier 1994 a un soutien de poids, Joseph Kavaruganda, président de la Cour constitutionnelle, la plus haute instance habilitée pour dire le droit en matière d'interprétation de la constitution. Cet ancien baron du régime Habyarimana est devenu un de ses opposants les plus farouches. Pourquoi et comment ? Eux seuls savaient.

Une partie du cabinet, qui elle aussi compte des juristes dans ses rangs a une compréhension différente des lois et de la situation. Pour eux, le gouvernement d'Agathe était légal tant que l'autre n'était pas encore en place. Selon eux, il était inconcevable de laisser le pays sans gouvernement dans la situation chaotique qui prévalait. Dans ce cadre, les neufs membres issus du MRND et trois membres issus du PL et du PDC lui adressèrent une lettre le 14 janvier 1994. Agathe, l'ignora et préféra travailler dans le cadre semi-informel de ce qu'elle et ses conseillers appelèrent le « Cabinet restreint ». Par ce mécanisme, Madame le Premier ministre se réunissait avec des ministres désignés en fonction de la nature des questions à traiter. Elle réunissait le plus souvent les ministres chargés de la sécurité ou donnait des instructions en ce qui concerne l'assistance aux déplacés de guerre ou les négociations avec la Banque Mondiale et le FMI relatives au programme économique du GTBE, attendu pour bientôt. Le reste du cabinet était condamné à l'oisiveté forcée. Ainsi donc, le pays se retrouva sans gouvernement au moment où il en avait le plus besoin. Agathe pensait exercer par là une pression insoutenable sur Habyarimana et le MRND pour leur arracher des concessions ultimes.

Cette situation angoissait Agathe au plus profond d'elle-même. Dans une interview avec Ryckmans de la radio-télévision de la communauté française de Belgique, en mars 1994, elle disait : « Chaque jour les gens meurent, assassinés. Qu'ils soient paysans ou politiciens. La famine fait rage dans le pays. Les gens meurent de maladie comme la dysenterie et la malaria et nous n'avons pas d'institutions capables de négocier avec les bailleurs de fonds pour résoudre ces problèmes ». Agathe espérait que les pressions de la communauté internationale forceraient Habyarimana à faire le dernier pas comme elles avaient fini par le forcer à partager le pouvoir avec l'opposition et à négocier publiquement avec le FPR. Le problème est que la donne avait changé et que Habyarimana était poussé dans ses derniers retranchements.

Avec recul, il faut relativiser l'impact de cette décision. Les conseils des ministres, même au complet, ne servaient plus à grand-chose. Les ministres ne faisaient que se dire « des méchancetés » et étaler leurs divisions et leur mauvaise foi. Aucune décision sérieuse ne pouvait plus être prise.

Sur le plan personnel, Agathe coupait la branche sur laquelle elle était assise en déclarant son gouvernement inutile et irresponsable. Ne sera-t-il pas contradictoire de vouloir assumer pleinement ses fonctions, après la mort de Habyarimana ? Dans cet épisode de sa vie, Agathe a certainement manqué d'expérience et d'une équipe de conseillers chevronnés qui auraient pu éclairer sa prise de décision. Il n'est d'ailleurs pas exclu qu'elle ait été induite en erreur volontairement par certains de ceux-là. Tellement il était difficile de savoir qui est qui dans cette période sérieusement troublée et embrouillée. Même en temps normal, l'honnêteté, la franchise et la loyauté étant des denrées rares chez les Rwandais, que pouvait-on attendre d'eux en pareilles circonstances ?

L'autre tactique utilisée par Agathe était d'attaquer verbalement le Président Habyarimana en espérant lui faire perdre son sang-froid. Tout au long du premier trimestre de 1994, Agathe ne cessa de désigner le Président Habyarimana comme principal obstacle à la mise en place des institutions prévues par les accords de paix. Elle l'accusait d'attiser les divisions sur base ethnique au sein des partis et de favoriser la distribution des armes aux civils. D'après Dallaire, le 22 février 1994, la Première ministre Agathe Uwilingiyimana devait faire appel à son traditionnel abus de langage dirigé sans crainte vers le président pour repousser un compromis proposé par Habyarimana en protestant avec véhémence et en l'accusant de manipuler la situation à son avantage, bien qu'il ne possédât plus le pouvoir de dicter une telle solution[89]. D'après Dallaire, ce serait ce jour-là qu'Agathe aurait scellé

---

[89] Dallaire, 2003, p. 255

son destin. Mais, cette attaque était-elle plus virulente que celle du 8 janvier 1994 ?

Lors d'une autre tentative ratée de mettre en place les institutions prévues par les accords de paix, Agathe avait choqué l'opinion en éconduisant rudement les journalistes qui lui demandaient avec insistance son interprétation des raisons et des conséquences de cet échec. Elle avait répondu à peu près ceci : « Il [Habyarimana] vient de passer devant vous, pourquoi vous ne lui avez pas posé ces questions. Laissez-moi tranquille[90] ». Répercuté par la radio-télévision, l'incident avait fait le tour du Rwanda. Pour les uns, c'était la réponse d'une femme leader, au caractère trempé qui n'a pas froid aux yeux. Pour les autres, c'était la réponse d'une femme éhontée qui n'a pas peur de rabrouer les hommes devant les caméras et de manquer de respect au chef de l'État.

Encore aujourd'hui, pour les uns, Agathe est une héroïne nationale, militante engagée pour la démocratie et les droits des femmes. Pour les autres, une personne éhontée, sans envergure politique qui a beaucoup contribué à la descente du Rwanda aux enfers. Cette opinion a été façonnée par les médias et la populace qui ont déversé des tonnes d'insanités sur Agathe. À un certain moment, elle en est affectée malgré son caractère trempée et sa

---

[90] « Présentation de serment du Président Juvénal Habyarimana », le 5 janvier 1994,
https://youtube.be/X7o0rhLyP4
Accédé le 20 septembre 2018. Traduction du Kinyarwanda : Innocent Butare.

carapace. À la télévision, elle paraît de plus en plus fatiguée avec des cernes sur les yeux semblables à celles des personnes ayant un déficit chronique de sommeil. C'était son cas, peut-être. Ce fut certainement la période la plus détestable de sa vie. Elle est incomprise, isolée, vilipendée par les partisans de Habyarimana, par la grande majorité de ses anciens camarades du MDR et par de simples citoyens abusés par la fausse image colportée par ses nombreux détracteurs. Elle est seule au milieu de la tempête.

Après la prestation de serment ratée, aux journalistes qui lui demandaient de commenter les propos du Président, comme quoi ils étaient parvenus à un accord la veille mais qu'elle s'était défaussée à la dernière minute, elle répondit abruptement : « Vous a-t-il montré le texte du document conjoint que nous aurions signé ?[91] » Avait-elle changé de position suite aux pressions externes ? Ou avait-elle rusé pour faire tomber le président dans un piège comme le suggère Ferdinand Nahimana[92] ? Vivant constamment sous haute pression, son tempérament de bagarreuse et son parler fougueux prenaient le dessus en beaucoup de circonstances.

---

[91] « Présentation de serment du Président Juvénal Habyarimana », le 5 janvier 1994,
https://youtube.be/X7o0rhLyP4
Accédé le 20 septembre 2018. Traduction du Kinyarwanda : Innocent Butare.
[92] Nahimana, 2007, p. 395

Carton rouge à la Coalition pour la défense de la République

Créée le 16 mars 1992 par des personnalités influentes du nord du pays, la Coalition pour la défense de la République (CDR) s'appropria habilement l'héritage du PARMEHUTU pour se présenter comme le porte-parole du monde hutu, soi-disant « en lutte contre le féodalisme revanchard tutsi ». En réalité, c'était une stratégie de diversion et de démagogie pour conserver le pouvoir et les privilèges associés.

Le MRND qui avait tout fait pour faire oublier la Première République et maltraité les pères fondateurs du mouvement hutu était naturellement incapable de jouer ce rôle. De plus, le MRND comptait des Tutsi dans ses rangs, y compris dans ses organes dirigeants. Les progressistes en son sein rappelaient à l'envi que la devise du parti était paix, unité et développement. L'objectif d'unité impliquant l'inclusion des diverses composantes de la société. Donc pas question de stigmatisation des Tutsi.

C'est donc la CDR qui allait être désormais, en pointe sur le terrain des références à la période 1957-1963, présentée comme le temps faste de l'unité hutu[93]. Le parti se positionna comme une organisation défavorable aux négociations des accords de paix d'Arusha. Il s'efforça avec application à débaucher des Hutu membres du MRND et du MDR. En 1992, la question de son

---

[93] Lugan, 2007, p. 56

interdiction fut posée en conseil des ministres présidé par Dr Nsengiyaremye.

Agathe était de ceux qui supportaient la proposition d'interdire ce parti. Elle jugeait que les positions de la CDR étaient anachroniques et définitivement dépassées. Le Ministre de la Justice d'alors n'accéda pas à cette requête car ses collègues qui demandaient cette interdiction étaient incapables de documenter leur requête par des actes illégaux avérés, ou des passages précis dans les statuts du parti, dans les écrits et dans les déclarations officielles des responsables. D'après le Ministre, justifier l'interdiction d'un parti sur la base de déclarations de la rue ou de propos de bars de certains de ses membres aurait été un fâcheux précédent.

Reconnaissons qu'il avait bigrement raison car dans tous les partis, des gens au comportement de gentleman ou de lady étaient une espèce en voie de disparition. Par on ne sait quelle magie, des gens naguère calmes, posés, respectueux et polis s'étaient mués en excités, coléreux, sectaires et agressifs. Les grands diplômés tenaient des raisonnements et des propos semblables à ceux des illettrés du lumpen prolétariat.

La CDR fut une intense propagande pour attirer la partie réactionnaire et conservatrice du MRND. Il était souvent difficile de faire la distinction entre les positions des uns et des autres. Filip Reyntjens, expert des questions rwandaises, avait raison d'écrire que « la distinction avec l'aile droite et antidémocratique du MRND est floue[94] ». Pour attirer cette aile droite, la CDR ne cessa de pilonner le MRND et Habyarimana les accusant de mollesse devant les positions du FPR et de ceux qu'elle appelait ses complices. Espérant contrer ces critiques, la direction du MRND décida, sans beaucoup de transparence, de s'allier officiellement avec la CDR et d'autres micro-partis dans ce qui fut appelée l'Alliance pour le renouveau démocratique.

À Butare, cette collaboration choqua profondément les membres de la communauté tutsi et un certain nombre de Hutu qui claquèrent la porte du MRND. Au grand plaisir d'Agathe, même si la grande majorité des partants rallia plutôt le PL et le PSD et non son parti, le MDR.

Cette alliance constitua une preuve supplémentaire pour les chancelleries occidentales de douter sérieusement de la posture de rassembleur centriste que Habyarimana s'efforçait de donner. Désormais, il fut catalogué dans le camp des extrémistes hutu. Tous ses efforts ultérieurs pour les rassurer sur ses bonnes dispositions envers la communauté tutsi seront vains. Il en sera ainsi jusqu'au 6 avril 1994.

De plus, cette alliance fut contre-productive car, rapidement, la CDR se retira de l'alliance avec fracas en dénonçant l'inconstance du MRND due, selon elle, à la présence dans son *membership* de Tutsi et des éléments hutu considérés comme des traîtres pour avoir osé affirmer que les Tutsis ont été

---

[94] Reyntjens, 1994, p. 136

marginalisés sous les deux Républiques. La CDR poussa le bouchon jusqu'à demander la démission pure et simple de Habyarimana.

Pour Agathe, sans l'ombre d'un doute, la vraie nature de la CDR était celle d'un parti ethniste et extrémiste hutu. La CDR confirma cette posture de parti sectaire en refusant d'être présent à Arusha le jour de la signature de l'Accord de paix. Contrairement aux autres partis politiques agréés, la Coalition ne signa pas le code d'éthique politique, se mettant ainsi en marge de la dynamique de mise en place des institutions prévues par les accords de paix.

Dans son communiqué du 23 novembre 1993, la CDR renouvela son invitation au Premier ministre Agathe et au Président Habyarimana à démissionner les accusant de se taire face aux tueries contre des Hutu dans la zone tampon entre le FPR et les FAR. Pour ce parti, leur silence équivalait à l'indifférence à leur sort. La CDR appelait les Hutu à prendre leurs responsabilités pour lutter contre l'ennemi et ses complices.

Plus tard, constatant que la politique de la chaise vide n'était pas payante, la CDR revint sur ces décisions le 29 novembre 1993 et fit une campagne intense auprès des missions diplomatiques, en décembre et janvier 1994, lors des tractations pour mettre en place le parlement de transition. Elle demanda à Anastase Gasana, alors Ministre des Affaires étrangères et de la coopération, de lui permettre de signer le dit protocole afin de pouvoir envoyer un député à l'Assemblée nationale de transition à l'instar des autres partis. Agathe et son Ministre refusèrent. Ils auraient flairé que la manœuvre ne consistait pas en l'acceptation franche des accords mais que c'était plutôt le produit du travail fait par Habyarimana et le MRND pour renforcer le camp anti-FPR au sein des institutions. À ce propos Bernard Lugan écrit :

> Une motion de censure contre le gouvernement ou la mise en accusation du Président de la République ne pouvaient être votées qu'à la majorité des deux tiers, et c'est donc pourquoi la coalition FPR lutta pour obtenir ces deux tiers, soit 48 députés sur 71, alors que la coalition MRND(D) fit tout pour obtenir une minorité de blocage d'un tiers, soit 24 députés. Tout devant se joue à un ou deux sièges près, l'on comprend dès lors l'âpreté avec laquelle le Président Habyarimana défendait l'octroi d'un siège à la CDR et pourquoi le FPR et ses alliés s'y opposaient avec la plus extrême vigueur.[95]

Plus tard au cours des tractations, sous la pression de la communauté internationale et des Églises chrétiennes, Agathe assouplit sa position en disant que si le FPR accepte l'entrée de la CDR au parlement, elle ne s'opposera pas. Après des contacts directs entre la CDR et le FPR, ce dernier se prononça par un non catégorique à l'entrée de la CDR dans les institutions. Dans cette rocambolesque affaire de la CDR, Agathe ne faisait que défendre sa vision. Et celle-ci incluait l'alliance stratégique avec le FPR. En cela, elle restait fidèle à la ligne originelle du MDR telle qu'exprimée lors de

---

[95] Lugan, 2007, p. 131

la signature d'une entente de collaboration entre les partis MDR, PSD et PL avec le FPR à Bruxelles à l'issue de la rencontre tenue du 29 mai au 3 juin 1992 dans les locaux du parlement belge.

Pour elle, les traîtres, ce n'était pas elle, mais ceux qui s'étaient écartés de la ligne convenue entre la coalition des Forces démocratiques de changement (FDC) et le FPR visant à conjuguer les efforts pour mettre fin au régime de Habyarimana, ainsi que ceux qui voulaient ressusciter le vieux PARMEHUTU. Elle traitait de malhonnêtes ceux qui disaient : « Rapprochons-nous du FPR pour nous débarrasser de Habyarimana. Une fois ce verrou écarté, lors des élections prévues à la fin de la transition, nous mobiliserons le peuple majoritaire hutu pour nous installer au pouvoir et remettre cette poignée de Tutsi à sa place ».

Elle avait dépassé le clivage meurtrier entre Hutu et Tutsi. Dans un de ses dernières interviews, elle disait aux journalistes : « Je suis une Rwandaise et je suis une personne. J'ai un rôle à jouer pour mon pays et que je sois homme ou femme, Hutu ou Tutsi, n'a aucun intérêt[96] ».

Il est quelque peu exagéré de considérer le refus d'inclure la CDR comme la cause de l'échec de la mise en place des institutions prévues par l'Accord de paix d'Arusha. Plusieurs autres facteurs y ont contribué.

Quelques jours avant son assassinat, la RTLM avait annoncé avec beaucoup de raillerie qu'Agathe

---

[96] Sitbon, 1998

s'était plainte des hommes portant des poignards qui rodaient près de son domicile. Elle aurait prétendu que c'étaient des militants de la CDR, parti auquel elle avait refusé la participation dans le parlement de transition. D'après la RTLM, cette peur d'être tuée aurait été dictée par le poids des conséquences de sa perfidie, de sa trahison ! Cet épisode était une fiction inventée par l'inénarrable Kantano[97] dont les tirades pleines de clichés ethnistes et de calembours déclenchaient des fous rires y compris chez les personnes visées. Comme on dit en Kinyarwanda : *Yariza n'uvuye guta nyina* (Son humour pouvait faire rire même celui qui vient d'enterrer sa mère).

La vérité est qu'un jour, un nommé Rutegesha de la CDR a demandé audience au Premier ministre. Le jour venu, il s'est présenté à la réception de la primature avec un sac dans les mains. La fouille y a découvert un couteau. Le porteur a déclaré au service de sécurité qu'il venait d'un piquenique et qu'il n'avait pas eu le temps d'aller déposer le sac chez lui. La sécurité a rapporté l'incident à Agathe et lui a suggéré de ne pas le recevoir. Agathe a répondu qu'il fallait bien le fouiller et le laisser venir dans son bureau. Ce qui fut fait. Personne ne sait de quoi cet homme voulait entretenir Agathe. La fuite de l'incident est parvenue à la RTLM qui l'aurait déformée en parlant des gens de la CDR rodant près du domicile alors que l'incident avait eu lieu dans les

---

[97] Kantano Habimana, communément appelé Kantano, était animateur à la Radio télévision libre des mille collines (RTLM).

bureaux de la primature et en prétendant qu'Agathe était paniquée alors qu'au contraire, elle avait fait preuve d'une grande maîtrise de soi, allant jusqu' à ne pas suivre les conseils de ses services de sécurité.

Agathe s'était fait beaucoup d'ennemis en très peu de temps dans les milieux militaires qui la considéraient comme complice du FPR et dans les milieux politiques y compris au sein de son propre parti, le MDR. Des histoires infâmes étaient écrites et des caricatures obscènes publiées à longueur de pages dans la presse de caniveau qui florissait entre 1991 et 1994. Aucune autre personne n'a été aussi souvent médite et calomniée. Sa fougue, son franc parler, sa détermination à défendre ses opinions, son ardente volonté de dépasser les clivages ethniques, ses idées féministes, sa jeunesse sont autant de traits de sa personnalité qui en faisaient la cible privilégiée de ceux qui, consciemment ou non, ressentaient une profonde aversion pour les valeurs qu'elle représentait.

Dans son n° 56, le journal *Kangura*[98] l'accuse de tentative de détournement de fonds en connivence avec le Ministre des Finances, Marc Rugenera. Une horrible caricature les présente comme deux rats en train d'engloutir gloutonnement des billets de banque. Au-dessus de leurs têtes, un homme tenant une massue cloutée, appelé du nom du gouverneur de la Banque nationale (Ntirugirimbabazi), les somme d'aller manger ailleurs et les menace de leur

---

[98] *Kangura* de février 1994, p. 1, www.genocidearchiverwanda.org.rw/index.php/File:Kangur a_no_56.pdf

fendre le crâne. Le rat représentant Rugenera dit : « Chérie, que faire ? »

Les gens croient facilement à ce genre de diffamations, sans exiger des preuves. Les diffamateurs le savent et utilisent fréquemment ce procédé pour salir la réputation de leurs victimes. Contre Agathe, la publication des rumeurs calomnieuses et des caricatures insanes s'est déchaînée *ad nauseam*. Submergée par la mesquinerie, la bassesse et l'indignité, l'atmosphère politique exhalait une puanteur fétide.

Ce concours de flots incessants d'attaques désobligeantes n'a pourtant pas réussi à paralyser sa volonté de changement et son action. Elle savait que derrière ces mercenaires de la plume se cachaient des politiciens et d'autres individus peu scrupuleux, adeptes de la violence et désespérément accrochés à la défense de leurs privilèges menacés. Elle savait qu'elle prenait des risques, mais elle continuait dans le chemin qu'elle s'était tracé avec volonté et obstination. Ainsi, elle ne fut pas autrement intimidée, lorsque le 27 janvier 1994, la RTLM tira à boulets rouges sur les accords d'Arusha et dénonça à répétition la collusion imaginaire entre Agathe Uwilingiyimana et la Belgique[99], les qualifiant d'ennemis du pays et des Hutu.

---

[99] Beaucoup d'Africains ont la fâcheuse habitude d'accuser à tous vents les anciens pays colonisateurs comme responsables des maux qui les accablent pour occulter leurs propres responsabilités.

En dépit de la multiplicité des attaques, Agathe agissait avec courage. Elle essayait de ne pas céder à l'émotion et à ne pas surréagir. Parfois elle y arrivait. Mais souvent son naturel prenait le dessus. Elle parlait alors avec enthousiasme et spontanéité.

Le 20 février 1994, Agathe Uwilingiyimana et Faustin Twagiramungu ont organisé un meeting du Mouvement démocratique républicain (MDR) au stade régional de Nyamirambo. De graves violences éclatent. Au moins cinq personnes auraient été lynchées sur place. L'escorte du contingent belge de la MINUAR, qui, ce jour-là, assure la protection d'Agathe Uwilingiyimana, doit faire usage des armes[100]. Au cours de ce rassemblement, elle avait annoncé que les organes de transition seraient impérativement mis en place le surlendemain, le 22 février 1994. Elle avait fait écho d'une menace émise par un malheureux déplacé de guerre qui végétait dans le camp de Nyacyonga, qui disait que si ce rendez-vous était manqué encore une fois, des centaines de milliers de ces damnés de la terre sortiraient de Nyacyonga et envahiraient la capitale. Agathe avait fait référence à ce cri de désespoir dans ces mots : « Oui je serai avec vous pour aller demander des comptes à la personne qui se cache derrière les autres et manœuvre pour que le pays reste dans cette situation de grand désarroi, abandonné par les donateurs. Nous lui demanderons des comptes et elle devra

---

[100] Marchal, 2001, p. 196

répondre[101] ». Elle n'avait pas cité nommément Habyarimana mais tout le monde avait compris de qui il s'agissait.

L'échéance du 22 février 1994 ne fut pas respectée à cause de l'assassinat de Félicien Gatabazi, Ministre des Travaux publics et Secrétaire exécutif du Parti social démocrate (PSD), survenu la veille au soir et des actes de violences qui s'en suivirent. Agathe fit alors une déclaration sur les ondes de la radio nationale exhortant la population à garder son sang-froid et à éviter de sombrer dans la violence. Mais, elle-même était fortement ébranlée. Roméo Dallaire décrit son état en ces termes :

> À sa demande, je suis allé rendre visite à Madame Agathe. Elle était au bord des larmes. Elle était très consciente que la MINUAR ne pouvait pas en faire davantage, mais elle m'a cependant supplié de ne pas retirer les gardes installés près des maisons des modérés. Je l'ai rassurée en lui disant que je continuerai à protéger vingt-quatre heures sur vingt-quatre heures tous les politiciens en danger, et ce jusqu'à la maîtrise de la situation. [...] En parlant, madame Agathe marchait de long en large comme un lion fatigué et enfermé dans une cage trop petite pour lui. Elle m'a dit que les ministres extrémistes de son cabinet MRND refusaient de participer aux réunions qu'elle avait organisées et qu'ils ne répondaient même pas à ses coups de téléphone. Elle était en rage contre Habyarimana et sa façon de tripatouiller la situation politique. Elle ne demandait

---

[101] Radio Rwanda, 20 avril 1994, orateur Premier ministre Agathe Uwilingiyimana, au micro du journaliste Kagina Jules Maurice.

ni conseils ni réponses. Aussi difficile que soit la situation, elle tenait seulement à être réconfortée et assurée que je ne la laisserais pas tomber, pas plus que les autres modérés. Lorsque je me suis levé pour partir, des larmes coulaient sur son visage. La gorge nouée, j'ai fait le vœu, que peu importe ce qui arriverait, je n'abandonnerai pas le Rwanda. J'étais vraiment triste de la voir dans cet état, elle qui s'était montrée si inébranlable au cours des mois difficiles où je l'avais connue. Toutefois, le courage et la force de madame Agathe n'ont jamais vacillé, et la foi qu'elle avait dans son pays et sa population n'a jamais manqué d'être pour moi une source d'inspiration.[102]

Agathe vivait un véritable calvaire. Novice en politique, elle venait de découvrir la vacuité des relations politiques, la dureté du monde, la superficialité et la férocité des animaux politiques. Elle n'était pas arrivée à ce degré de froideur et d'inhumanité qui est la caractéristique des monstres de la politique. Elle commençait à redouter l'effondrement de ses rêves.

Elle avait entamé la montée de son Golgotha. Oui, dans l'épreuve même les plus courageux connaissent des moments d'angoisse, de doute, qui révèlent les fragilités propres à l'espèce humaine. Sentiment terrible surtout chez ceux ou celles qui ont la prétention de vouloir imprimer leur empreinte au cours des évènements et au gouvernement des hommes. Le Livre Saint des chrétiens rapporte que sur la croix, Jésus de Nazareth, lui-même, s'écria d'une voix forte « *Eli,*

---

[102] Dallaire, 2003, p. 251

Eli, lama sabachthani ? », c'est-à-dire, « Mon Dieu, Mon Dieu, pourquoi m'as-tu abandonné ?[103] ». Il avait déjà pleuré une autre fois devant la tombe de son ami Lazare[104].

Avant de devenir Premier ministre et traverser d'aussi funestes moments, Agathe avait passé une année gratifiante comme Ministre de l'Enseignement primaire et secondaire.

Agathe, brillante Ministre de l'Enseignement primaire et secondaire

Dans le gouvernement Nsengiyaremye mis en place le 16 avril 1992, Agathe fut Ministre de l'Enseignement primaire et secondaire. Ce poste fut d'abord offert à Jean Kambanda qui déclina l'offre, préférant rester au poste de président du Réseau des banques populaires du Rwanda.

À ce poste, Agathe gagna beaucoup d'estime en instituant la transparence dans les examens de passage du primaire au secondaire et de celui-ci à l'université. Elle avait supprimé le très impopulaire système des quotas selon les régions et les ethnies en le remplaçant par un autre basé uniquement sur le mérite des élèves. Elle prit des mesures pour encadrer sérieusement et empêcher les tricheries particulièrement dans les préfectures du Nord, habituellement choyées par le régime. Le système en vigueur privilégiait de façon flagrante les Hutu du

---

[103] Matthieu 27 : 46
[104] Jean 11 : 1-44

Nord, particulièrement de Gisenyi et Ruhengeri, au détriment de ceux du Sud et des Tutsi.

Contrairement à ce que l'on pouvait s'imaginer, cette mesure fut bien accueillie même par les populations du Nord. Une ancienne enseignante à l'Université nationale du Rwanda a rapporté le témoignage d'un de ses collègues originaire de Gisenyi, la préfecture de feu Habyarimana : « Les paysans de chez nous sont tout à fait heureux de cette position actuelle, pour la simple raison que, aujourd'hui, un paysan qui a son enfant qui réussit, qui est en première, deuxième, troisième position dans sa classe, est sûr de voir son enfant accéder à l'école secondaire, alors qu'auparavant, en réalité, les places étaient squattées par des enfants de gens qui étaient originaires de la commune, mais qui habitaient Kigali et qui étaient des notables ou des gens proches du régime[105] ».

Elle entreprit d'encourager les filles à s'engager dans les filières scientifiques et techniques, alors dominées par les garçons. Elle insista également pour qu'aucune élève ne soit plus chassée de l'école en cas de grossesse, comme c'était la coutume. Elle laissa une empreinte remarquable malgré son court leadership sur ce secteur clé pour le développement individuel et collectif.

C'est en reconnaissance de ces actions que le Forum des éducatrices africaines (FAWE) dont Agathe était membre a créé le Prix de l'innovation Agathe qui finance des projets éducatifs et

---

[105] *Assises Rwanda*, 2001

générateurs de revenus visant à améliorer les perspectives des jeunes filles africaines.

À ce moment, sa popularité était au zénith comme en témoigne l'imposante manifestation de soutien organisée par les femmes de l'opposition le 15 mai 1992 et celle encore plus importante organisée par des milliers d'élèves des écoles de la capitale le 20 mai.

Cependant tout n'était pas rose. Sa décision de dépolitiser le système éducatif en intimant l'ordre aux inspecteurs des écoles de ne pas adhérer à des partis politiques, et d'être neutres, ne plut pas à ceux qui y voyaient une astuce pour les détacher de l'ancien parti unique, le MRND.

Ses services auraient systématiquement écarté les enfants des ministres et des autres personnes haut placées du MRND. Pour Agathe, être injuste à l'égard des hauts placés du MRND n'était que justice. Ils avaient suffisamment profité sans vergogne du système et fait du tort aux autres, donc à leur tour de subir.

Dès sa nomination au poste de Ministre de l'Enseignement primaire et secondaire, Agathe fut la bête noire des voyous politiquement manipulés. Le 5 mai 1992, avant qu'elle ne déménage dans une des résidences ministérielles, un groupe qui sévissait dans le secteur Remera fit irruption chez elle à Kabeza, près de l'aéroport de Kanombe pour l'insulter, la violenter physiquement et faire du désordre[106]. Son mari était en train de causer avec des amis dans le voisinage. À la une des journaux et dans tous les bars et gargotes de Kigali, l'incident fut commenté avec force exagération pendant bien de jours.

Pourquoi, parmi tous les nouveaux ministres provenant de l'opposition, ce fut seulement elle qui fut pointée du doigt par les voyous et leurs commanditaires ? Difficile à savoir. Est-ce parce qu'elle était femme ? Était-ce à cause de sa hardiesse dans les meetings et ses propos très tranchants ? Toujours est-il qu'autour d'elle, toutes sortes de ressentiments et de reproches se coagulaient. Il fallait l'intimider à temps avant qu'elle ne fasse trop de dégâts.

Dr James Gasana, alors Ministre de la Défense, fut la première personne à débarquer à son domicile pour la rassurer et lui témoigner de sa sympathie et de sa solidarité. Sur place, il ordonna au Chef d'état-major de la gendarmerie, Colonel Rwagafilita, de dépêcher une garde au domicile. Malgré cet acte de bonne volonté, Agathe n'aurait même pas daigné dire un simple merci à son collègue. Ni à ce moment ni après. Le Ministre en fût profondément choqué[107]. Pour Agathe, cet acte venant d'un ministre MRND était suspect. À sa décharge, elle ne

---

[106] D'après Anastase Gasana, 1992, ce groupe, dirigé par Mr Aloys Ngirabatware et Madame Charlotte Nyiransengiyumva, était très proche des milieux militaires. Confiée à la Gendarmerie nationale, l'enquête a fini en queue de poisson sans révéler l'identité des agresseurs.
[107] Entretien avec Dr James Gasana à Lausanne en décembre 2016.

connaissait pas l'homme avec qui elle avait à faire. Ni ses qualités de probité professionnelle, morale et intellectuelle.

Suite à cet incident, les natifs de sa préfecture d'origine, Butare, envoyèrent chez elle une délégation inclusive pour lui témoigner de leur soutien et de leur sympathie et par la même occasion exprimer leur désapprobation des actes de ces délinquants. Lors de la causerie, la délégation trouva une Agathe souriante et détendue. Pour elle, c'était un incident mineur qui ne méritait pas la publicité que les journaux et les cancans lui accordaient. N'empêche qu'à cause de ce traumatisme, la Ministre aurait été absente à une des séances du conseil des ministres.

Son appréciation de minimiser l'agression dont elle venait d'être victime sera vite contredite. Depuis ce baptême de la violence politique, elle ne cessera jamais d'être attaquée et diabolisée tout au long de son bref passage dans les sommets de l'État.

Dans son éditorial, le journal *Kangura* n° 35 de mai 1992 avait fait des insinuations venimeuses et ordurières sur la vie privée d'Agathe pour salir sa réputation et la présenter comme indigne d'occuper la fonction de Ministre de l'Enseignement secondaire et primaire.

Dans la même veine, dans *l'Indomptabe-Ikinani* du 1er mai 1992, l'éditorialiste avait médit d'Agathe en la présentant comme une femme dévergondée. Heureusement ce venin n'arriva pas à contaminer beaucoup de gens. En effet, cette livraison aurait été censurée par le directeur de la Régie de l'imprimerie scolaire, établissement public travaillant sous la tutelle du Ministère dont Agathe était responsable. Mais comme toujours quelques copies auraient circulé sous le manteau à Kigali ou sous forme de photocopies.

Dans le célèbre et controversé discours de Kabaya[108] le 22 novembre 1992, Dr Léon Mugesera s'en était pris à la Ministre de l'Enseignement primaire et secondaire en l'accusant d'insulter le Président Habyarimana et d'adjoindre aux inspecteurs de l'enseignement primaire de rester politiquement neutres sous peine d'être licenciés.

Comment Agathe, la Ministre, se comportait-elle socialement ? Madeleine Raffin témoigne : « Cela ne lui faisait pas oublier ses anciennes connaissances, dont j'étais. Malgré ses fonctions, elle demeurait simple et abordable. Chaque fois que nous nous rencontrions, nos conversations étaient franches et amicales, elle n'oubliait jamais de donner des nouvelles de ses enfants[109] ».

---

[108] Ce discours n'a jamais été diffusé par Radio Rwanda in extenso. Le court extrait choisi par le journaliste Kampayana n'appelait pas à l'extermination des Tutsi. C'est Dr Higiro JMV, directeur de l'ORINFOR, qui a remis une cassette de l'enregistrement complet du discours à Faustin Twagiramungu, qui l'a diffusé dans les milieux politiques diplomatiques et dans les médias auprès du large public. Les membres du MRND, autres que ceux ayant participé au meeting de Kabaya, ont pris connaissance du contenu du discours bien après l'opposition et les chancelleries (voir Higiro, 1999, p. 35).
[109] Raffin, 2012, p. 73

Les premiers pas en politique et influence à Butare

En 1987, quelques femmes œuvrant dans l'entourage du Président Habyarimana lui font prendre conscience de la marginalisation des femmes dans les instances de décision, à tous les échelons. Par misogynie ou par ignorance, les hommes aux commandes dans la politique et l'administration prétendaient qu'il n'y avait pas de femmes suffisamment compétentes pour occuper les postes de grandes responsabilités.

Habyarimana donne le feu vert à ses collaboratrices pour identifier les femmes formées et qualifiées et de les lui proposer pour promotion. C'est dans ce cadre qu'en 1989, Agathe fut nommée Directrice des petites et moyennes industries au Ministère du Commerce, de l'industrie et de l'artisanat (MINIMART). Dans ses nouvelles fonctions, elle maintint ses relations avec les professeurs de chimie et de biologie de l'Université nationale du Rwanda et du Centre universitaire de recherche et de pharmacopée et de médecine traditionnelle (CURPHAMETRA). Elle avait compris le potentiel inexploité de ce secteur pour le développement du pays.

À trente-six ans, elle respire la bonne santé et la bonne forme. Une femme avenante et pleine d'assurance. Elle porte un pagne africain qui lui va admirablement bien. Je revenais de l'inauguration d'une nouvelle infrastructure de l'Office rwandais des produits vivriers et animaux (OPROVIA), dans la préfecture de Kibungo, dans le cadre de la quinzaine des projets organisée chaque année. Elle était dans la même région pour le compte de son ministère et pour des raisons similaires.

Après les salutations d'usage, elle me raconta brièvement qu'elle venait de quitter son enseignement de chimie au Groupe scolaire de Butare où elle officiait depuis 1985. Que pour elle, le poste de directrice était une promotion et qu'elle aimait bien ce qu'elle faisait. Mais ajouta-elle : « Ce n'est pas facile de travailler dans un système corrompu par les Bakiga du type Nzirorera et Nsekalije ». Spontanément, je me suis retrouvé en train de regarder tout autour de nous si personne n'avait entendu. Nzirorera et Nsekalije étaient des personnalités très puissantes et ce genre de propos pouvait occasionner de sérieux ennuis. Me voyant embarrassé, elle ajouta : « Mais de quoi as-tu peur ? De la vérité ? ». Je n'avais aucune envie de prolonger cette conversation.

On se dit au revoir en nous promettant de nous revoir. Tout au long du chemin de retour à Kigali, je ne cessais de penser à cette rencontre fortuite et aux propos qu'Agathe avait tenus, sans précaution aucune. Drôles de retrouvailles, pensais-je. Peu de temps après, nous nous croisons lors d'un mariage auquel des connaissances communes nous avaient invités. Je pris soin de m'assoir quelques tables plus loin, de peur qu'elle ne dise ce genre de paroles en plein mariage dans lequel la majorité de l'assistance m'était inconnue.

En 1989, il est de plus en plus clair que le régime de Habyarimana est usé et commence à manifester de sérieuses fissures illustrées notamment par l'assassinat demeuré inexpliqué de son bras droit le colonel Mayuya, en plein jour, à la sortie de son bureau. Conscient de la situation, avant le célèbre discours de François Mitterrand à La Baule lors du sommet franco-africain en juin 1990, Habyarimana parle d'*aggiornamento politique.* En juillet 1990, il met en place la Commission nationale de synthèse chargée de mener les consultations en vue des reformes politiques annoncées dans son message à la nation le 5 juillet 1990.

Le 13 novembre 1990, en pleine guerre, sous la double pression intérieure et extérieure, particulièrement du président français, François Mitterrand, Habyarimana annonce le retour prochain au multipartisme. Malgré son statut de fonctionnaire, Agathe s'engage rapidement dans le processus de relance du parti MDR à Butare et sur le plan national. Elle entreprend de recruter des membres dans sa préfecture d'origine et dans son entourage notamment dans le milieu des enseignants et des chercheurs qu'elle avait connus à Butare. Ainsi, elle sera nommée vice-présidente du Comité préfectoral provisoire à Butare, le président étant Jean Kambanda.

Elle fait alors partie du Comité national provisoire, organe suprême provisoire du parti. Cependant, elle ne fait pas partie des six présidents des commissions qui représentent solidairement le parti devant la loi et dont les membres assurent la présidence tournante mensuelle jusqu'à l'élection des organes définitifs du parti en 1992.

Sans moyens, elle mena une activité intense pour structurer le parti dans la préfecture. En janvier 1992, elle s'illustra notamment dans l'organisation d'une importante manifestation dans la ville de Butare pour défier et dénoncer le gouvernement faussement multipartite dirigé par Dr Sylvestre Nsanzimana. Ces efforts furent reconnus et récompensés par ses amis politiques pour la confirmer membre de la direction provisoire du parti et, plus tard, pour la nommer au poste alors très convoité de Ministre de l'Enseignement primaire et secondaire.

Un jour en 1991, je croise Agathe devant son lieu de travail.

— Innocent, vas-tu à Butare samedi prochain ?

— Oui, pourquoi ?

— Peux-tu me donner un lift ?

— Oui bien sûr. Cela me fera plaisir de revoir tes parents après de très longues années. Je ne sais pas s'ils se rappelleront de moi. En tout cas, moi si je les croisais je ne pense pas que je les reconnaîtrais.

— Qui te dit que je vais à Butare pour voir les parents ? J'y vais pour faire de la politique. À quelle heure partirons-nous ?

— À midi.

— J'ai un travail urgent à finir au bureau samedi matin. Je n'irai pas à l'Umuganda (travaux communautaires). Après, j'irai faire une petite course dans le quartier commercial et t'attendrais tranquillement au rondpoint. Inutile de passer me chercher au ministère.

Samedi, alors que je m'apprête à partir, mon épouse me dit qu'elle a besoin de la voiture pour faire les courses. Je l'accompagne au marché central de Kigali. Et puis chez une de ses sœurs qui tient un commerce dans le quartier Mateus. Agathe doit s'impatienter. Nous passons au rondpoint la prendre et devons aller déposer les courses à Kicukiro avant de partir. Vers 13h, dans la cour de la maison, avant d'entrer, Agathe dit : « Un verre de Mutzig bien fraîche me ferait du bien ». Les enfants n'oublieront pas ces paroles. Plus tard, à chaque fois qu'ils la verront à la télévision, ils ne manqueront pas de faire remarquer : « Voilà la dame qui a dit qu'elle avait envie d'une Mutzig bien fraîche ».

C'est la première fois qu'Agathe vient chez nous. La patronne de la maison est étonnée qu'elle se mette si spontanément à l'aise. Plus tard, elle montrera aux enfants les photos d'Agathe dans mon album. Elle était alors étudiante à l'Institut pédagogique national (IPN) à Butare.

Les cent trente kilomètres entre Kigali et Butare paraissent courts. Agathe est très en forme et parle abondamment. Entre autres questions, elle me demande si j'arrive à m'intégrer dans la société rwandaise après autant d'années à l'étranger.

Rapidement, elle en vient à la politique. Elle me dit avoir été profondément choquée par l'incompétence et la bêtise des services de sécurité, qui, à la première cartouche tirée se sont pressés de chercher des boucs émissaires dans la communauté tutsi et parmi les originaires du Sud et ont embastillé des milliers d'innocents, sans dossiers, soi-disant pour complicité avec le FPR.

Elle parle de la démocratie qu'il faut installer dans le pays. Pour elle, il suffirait de chasser Habyarimana et les gens du Nord du pouvoir pour que le règne de la démocratie arrive. J'essaie de lui démontrer que c'est une erreur de structurer le débat démocratique autour de la personne de Habyarimana et de réduire la question des inégalités sociales au seul problème de régionalisme.

Je rassemble mentalement mes anciennes lectures et on discute l'évolution de l'idée de démocratie depuis les Grecs. Je lui dis que je ne crois qu'aux changements maîtrisés, pas à pas, et non aux révolutions qui, de manière générale, sont souvent suivies de dictatures. Elle écoute calmement et conclu le débat en disant : « Tu es trop intellectuel. Où trouves-tu du temps pour lire tout ça ? Et toutes ces théories, à quoi servent-elles ? Moi je privilégie l'action concrète. Les choses tangibles. Est-ce que tu t'imagines ? Quand nous aurons chassé Habyarimana et les Bakiga, et mis fin à la guerre, le Rwanda sera un petit paradis ». Agathe n'avait pas lu ou assimilé la leçon d'un célèbre philosophe allemand : pas de bons résultats pratiques sans une théorie aussi juste que possible. Il faut faire le détour par l'abstrait pour agir concrètement – faire des mathématiques pour envoyer une fusée sur la lune.

— Vous rêvez de Grand Soir, comme dirait Marx.

— C'est quoi encore le Grand Soir ? Je te parle du concret et toi tu parles d'autre chose[110].

— Pourquoi ne viens-tu pas au MDR ?

— C'est impossible. Le MDR a un grand actif mais aussi un lourd passif. Je ne souhaiterais pas trainer le passif du PARMEHUTU. Je l'ai déjà expliqué à certains de tes amis politiques.

— Élabore un peu plus. De quel passif parles-tu ?

— Tu oublies que c'est la politique du PARMEHUTU qui est à l'origine de la question des réfugiés tutsi avec les conséquences actuelles. Bien sûr que le régime qui l'a remplacé n'a rien fait pour corriger la situation, mais soit. Tu n'as jamais entendu parler de l'exécution sommaire des leaders de l'UNAR et du RADER qui avaient accepté de rester au pays ? Tu n'es pas au courant de la manière dont le MDR a exclu et persécuté les autres partis politiques au point de se transformer en parti unique de fait ? Tu ne sais pas les dissensions internes (*ugutumurongo*), la monopolisation du pouvoir par un petit groupe de Gitarama, les histoires d'empoisonnement entre leaders, etc. ? Tu penses que la composante tutsi de la population n'a pas gardé un traumatisme des chansons des Banyuramatwi qui la stigmatisaient et chantaient la victoire de Gahutu, etc. ?

---

[110] Ce déficit théorique explique partiellement les faiblesses stratégiques du MDR et des autres partis politiques et leur mauvaise compréhension des exigences de la démocratie et des droits de la personne.

— Oui, mais notre MDR est différent de celui d'il y a trente ans. Nous l'avons rénové et nous continuerons à le rénover en profondeur pour en extirper les références ethniques et intégrer tout le monde, sans exclusion. Il convient d'abandonner le passé au passé et de se concentrer sur le futur. Notre volonté de collaboration étroite avec le PL, parti majoritairement tutsi, est une illustration concrète de notre détermination d'abandonner le passé au passé, de chercher à rassurer les uns et les autres, d'apaiser les esprits pour gagner le combat de restaurer la paix. J'espère que ce n'est pas un prétexte pour sauver ton poste de directeur d'une entreprise publique.

— Non, je suis ingénieur agronome et docteur en sciences, je peux travailler et bien vivre ici ou n'importe où. Je t'expliquerai. Quand remontes-tu à Kigali ?

— Nous avons une réunion avec un noyau de militants du MDR chez Victor Emmanuel, agent du projet DGB (Développement global de Butare). Nous devons planifier des visites dans toutes les communes de Butare. Je ne sais pas quand la réunion finira. Je rentre demain soir mais je me débrouillerai. La politique, est accaparante. J'ai de moins en moins du temps pour ma famille. Au fait, si notre projet de mariage avait abouti, aurais-tu supporté des absences répétées de la maison ? Je pense que tu as eu de la chance. Les gens disent que je ne suis pas une femme facile.

Je la regarde fixement dans les yeux mais les mots tardent à sortir pour répliquer. Nous arrivons à sa destination. Chez Victor, en face de la poste de Butare, près de la succursale locale de la Banque commerciale du Rwanda. Elle sort et dit *bye*. Je n'ai pas eu le temps de répondre.

Mon chauffeur, d'habitude si réservé, éclate d'un rire fou. Je lui demande pourquoi.

— Je n'ai pas compris tout ce que vous disiez mais la dame semblait te chauffer. Mais, « là où elle m'a tué » c'est en disant qu'elle n'est pas une femme facile et que tu as eu de la chance de ne pas l'avoir épousée.

Je ne dis rien. Je suis déstabilisé par le fait qu'Agathe ait dit cela en présence du chauffeur. C'est un coin de mon jardin secret qui vient d'être violé. J'aurais aimé que cela reste entre nous. C'est son caractère : directe et spontanée.

Agathe est entrée en politique, avec bonne volonté mais sans préparation. Elle n'est pas la seule. Tous ceux et toutes celles de sa génération et au-delà ont grandi sous des régimes autoritaires. Sans liberté d'association et d'expression. Ils n'ont connu que les seuls syndicats d'étudiants alimentaires ayant comme seule revendication « le niveau de la bourse » ou « la composition des menus au restaurant universitaire ». Ils ne connaissent pas les manifestations à caractère politique et n'ont jamais participé à un débat politique contradictoire. Pour eux, oser brandir une pancarte contre le régime est un acte héroïque et révolutionnaire. Tel est le paysage politique et mental d'alors. À longueur d'années, les dirigeants politiques leur ont administré des somnifères du genre : « Dormez paisiblement militantes, militants, votre très clairvoyant Président, vos vaillantes forces de défense et de sécurité et votre dynamique diplomatie veillent sur vous ».

Sans culture politique, cette génération a été victime des gens qui ont fait le contraire de ce que disait le célèbre homme politique français, Pierre Mendès France : « Le premier devoir, c'est la franchise. Informer le pays, le renseigner, ne pas ruser, ne pas dissimuler ni la vérité ni les difficultés ; ne pas éluder ou ajourner les problèmes, car dans ce cas, ils s'aggravent ; les prendre de face et les exposer loyalement au pays, pour que le pays comprenne l'action du gouvernement[111] ».

Alors que pendant des années, la stratégie de survie consistait à ne rien dire, ne rien voir et ne rien entendre. Tout d'un coup le couvercle a sauté et la contestation chaotique s'est installée. L'organisation sociale et politique d'alors était intrinsèquement incapable de produire rapidement un personnel politique compétent et responsable. Telle fut la grande tragédie de cette génération perdue dont les rescapés n'arrivent pas à élucider les raisons profondes qui ont conduit leur pays aux bords de l'enfer, jusqu'à aujourd'hui. Le veulent-ils, d'ailleurs ?

Premier manquement de sa part : relativiser la violence et la rendre à géométrie variable. À l'exemple de ses co-partisans de Gitarama et de Gikongoro, Agathe ferma les yeux sur la violence

---

[111] France, 1955

exercée par des hooligans soi-disant sympathisants du MDR en commune Nyakizu pour chasser le bourgmestre Gasana. De même, quand des jeunes voyous se réclamant du MDR saccagèrent les biens et brulèrent quarante-cinq maisons des membres du MRND en commune Kigembe et dans le secteur Bimba en commune Nyaruhengeri, à un jet de pierre de la colline dont Agathe est originaire, elle ne broncha pas non plus.

Elle fermait les yeux devant les opérations dites de l'*Ukubohoza* (libérer, délier) qui consistaient à contraindre à adhérer de force au MDR ou tout au moins à se mettre en marge du MRND. Son échappatoire était que le MRND détenait le record de la violence et n'avait aucune raison de jouer aux vierges effarouchées. Cependant, il faut reconnaître qu'en 1992 quand des bruits ont couru que les régions de Nyanza et de Mayaga étaient menacées de violence, Agathe a spontanément signé un texte rédigé par Charles Karemano et Innocent Butare appelant les habitants de la préfecture à se serrer les coudes pour refuser la violence que des éléments négatifs, probablement les mêmes que ceux qui avaient mis le Bugesera à feu et à sang, voulaient importer. Cette prise de position unanime, transcendant les clivages ethniques et politiques, eut un effet dissuasif immédiat.

À Butare, la compétition pour le leadership du MDR s'engagea rapidement entre Agathe et Kambanda. André Guichaoua décrit ainsi la rivalité politique entre les deux principales figures du MDR à Butare :

Le conflit entre Jean Kambanda et Agathe Uwilingiyimana datait de la création du MDR en 1991. Pendant près d'une année, la direction nationale du MDR fonctionna avec trois représentants par préfecture. Jean Kambanda et Agathe Uwilingiyimana figuraient dans ce groupe fondateur. Le premier se considérait comme stratège, mais c'est la seconde qui soulevait l'adhésion et la chaleur populaires. Lors de l'élection des comités directeurs préfectoraux en 1992, il fut convenu qu'Agathe Uwilingiyimana nommée ministre dans le gouvernement de Dismas Nsengiyaremye (hutu, MDR, Gitarama), ne se présenterait pas au suffrage des militants pour le poste de président et laisserait la voie libre à Kambanda. Le jour de l'élection, les deux déposèrent néanmoins leurs candidatures et Agathe Uwilingiyimana l'emporta très largement. Jean Kambanda ne lui pardonna jamais ce qu'il considérait comme une trahison doublée d'une humiliation. Minoritaire, il devint un adversaire déterminé d'Agathe Uwilingiyimana et s'imposa comme chef local de la tendance MDR *power*.[112] [113]

D'après le témoignage d'un butaréen, ancien membre du MDR, Agathe avait effectivement accepté l'arrangement de bon cœur. Mais, elle se serait ravisée à la dernière minute suite aux conseils du Dr Ignace Sendama et d'autres amis qui ont réussi à la convaincre que pour peser dans la balance

---

[112] Guichaoua, 1995, p. 63

[113] Une précision s'impose. Au moment de ces élections, la tendance power n'existait pas encore. Ce vocable n'apparaîtra que beaucoup plus tard, en 1993 après l'assassinat du Président Ndadaye du Burundi dans la bouche de Froduald Karamira.

politique sur le plan national, il fallait d'abord et avant tout disposer d'une assise dans sa préfecture d'origine et la tenir solidement en main. Ceci exige d'être en contact avec les cadres, les propagandistes, les membres et les sympathisants et de se créer un puissant réseau personnel. La décision ne fut pas ébruitée pour endormir Kambanda et ses partisans et les empêcher d'organiser la riposte. L'effet de surprise combiné au prestige lui conféré par sa récente nomination comme ministre jouèrent à fond pour triompher largement.[114]

Le Dr Ignace Sendama, jouait un rôle central auprès d'Agathe dans la politique locale. André Guichaoua écrit bien à propos :

> Ce dernier, originaire de la même commune qu'elle, était chirurgien à l'hôpital universitaire et vice-doyen de la faculté de médecine et fut considéré comme le vrai responsable du MDR lors de sa création à Butare. Membre du petit noyau initial des fondateurs butaréens, il était le penseur du groupe et rédigeait de notes d'orientation pour la direction nationale. Sa position professionnelle, son aura intellectuelle et son rayonnement personnel dans la préfecture faisait de lui l'élément déterminant dans les équilibres au sein du parti à Butare. Le soutien efficace et fidèle qu'il apportait à Agathe Uwilingiyimana neutralisait l'influence de Jean Kambanda et de ses partisans qu'il dominait intellectuellement. C'est lui qui « tenait la maison » en l'absence d'Agathe.[115]

---

[114] Elle l'aurait emporté par 300 voix contre 50 pour son rival.

[115] Guichaoua, 2005, p. 96

Discret et méthodique, Dr Sendama ne fuyait pas le débat comme le faisaient certains membres du MDR, pourtant hautement éduqués, qui répétaient des slogans du type : *Twaratsinze kandi tuzatsinda ntakundi byagenda* (Nous avons vaincu et nous vaincrons, il n'y a pas d'autres choix). Pour eux, nul besoin d'argumenter avec méthode pour convaincre son interlocuteur ou contradicteur.

Après son éviction du parti MDR par le congrès de Kabusunzu, Agathe ne s'avoue pas vaincue. Dans une lettre écrite au préfet de Butare le 14 septembre 1993, elle lui faisait savoir que c'est elle qui était toujours présidente du MDR-Butare et lui demande de n'autoriser des meetings du parti au niveau préfectoral et sous-préfectoral que si les demandes étaient signées par elle. Évidemment, l'autre camp demanda au préfet de ne pas en tenir compte, arguant qu'elle avait été exclue du parti. Consulté sur le sujet par le préfet, le conseil préfectoral de sécurité suspendit tous les meetings du MDR au niveau communal, sous-préfectoral et préfectoral en attendant les instructions du Ministre de l'Intérieur et du développement communal. Instructions qui ne viendront jamais.

La maladie et le décès du Dr Sendama en janvier 1994 priva Agathe de ressources intellectuelles au moment où elle en avait cruellement besoin. Dès ce moment, elle perdit le contact avec le terrain politique à Butare, tout occupée qu'elle était par les interminables tractations et magouilles visant la mise en application des accords d'Arusha notamment la mise en place des institutions de transition.

Agathe et la cause des femmes

Comme dans beaucoup de sociétés africaines, l'épanouissement de la femme rwandaise s'est toujours confronté à beaucoup de handicaps. Dans une étude sur la sous-scolarisation des filles, Gatali note :

> La faible scolarisation des filles est à la fois liée à l'héritage de l'enseignement colonial, aux problèmes propres à la mentalité de la population rwandaise dont l'idéologie dominante est la hiérarchisation des sexes, qui accorde peu de crédit aux capacités de la femme et à l'égalité des sexes, aux problèmes économiques, qui font que les familles confrontées à la pauvreté consacrent les ressources disponibles aux études des garçons, puisque appartenant à la famille alors que la fille est destinée à être ailleurs. Dans ce contexte, le travail de la fille est considéré non seulement comme un appui économique à la famille, mais aussi comme un élément de formation traditionnelle, exercice indispensable à la préparation à son statut de future épouse et de gestionnaire du foyer.[116]

Entre 1973 et 1992, pas une seule femme n'avait était ministre au Rwanda. La posture d'une femme éduquée, activiste de l'égalité des sexes, ne pouvait que heurter beaucoup de personnes (hommes et femmes) dans une société fortement patriarcale.

---

[116] Gatali, 2000, p. 51

C'est d'ailleurs pour faire avancer la cause des femmes qu'en 1991, avec d'autres, dont Bernadette Mukamana et Veneranda Nzambazamariya, qu'elle avait fondé l'association à but non lucratif dénommé SERUKA (Association pour la promotion de la contribution active de la femme rwandaise au développement) dont elle fut élue première présidente. Celle-ci a obtenu sa personnalité juridique par l'Arrêté ministériel n° 174/05 du 22 mai 1992. La mission de SERUKA était de promouvoir la contribution active de la femme rwandaise au développement. Elle s'était donnée pour mission la promotion socioéconomique de la femme rwandaise.

L'association avait pour objectifs de :

- Encourager la communauté rwandaise à la scolarisation des enfants, en particulier la jeune fille ;
- Renforcer la capacité d'autonomie organisationnelle et financière de la femme ;
- Amener la femme rwandaise à prendre conscience de ses droits et devoirs ;
- Participer à la recherche des solutions aux problèmes spécifiques de la femme.

Dans la même logique Agathe fut membre fondatrice du Forum des éducatrices africaines (FAWE)[117], organisation panafricaine non gouvernementale dont la mission est de « promouvoir l'équité et l'égalité des genres dans le domaine de l'éducation en Afrique, en encourageant

---

[117] www.fawe.org

aussi bien des politiques que des pratiques et des attitudes positives à l'égard de l'éducation des filles ». Cette organisation compte plusieurs projets et activités notamment au Rwanda.

Pour beaucoup, Agathe était une *ingare ou umushizi wisoni*, c'est-à-dire une femme qui n'a pas sa langue dans la poche, pour défendre ses idées sans démordre, fussent-elles à contre-courant de l'opinion socialement dominante. Actuellement, son comportement aurait paru tout à fait normal. Tellement les mentalités ont rapidement évolué.

Suivant la décision de l'assemblée générale de l'association, sa nomination comme Ministre de l'Enseignement primaire et secondaire mit fin à son engagement à la tête de SERUKA.

Au début des années 1980, un jour à l'Institut des sciences agronomiques du Rwanda (ISAR) à Rubona, une stagiaire, assistante sociale, parle d'une de ses professeurs à un groupe de jeunes. Il s'agit d'Agathe. Selon elle, la professeure conseillait aux jeunes filles d'être fières d'elles-mêmes et de savoir se mettre en valeur en exploitant, chacune, ses atouts. Si tu as un bon sourire, montre tes dents, le plus souvent possible. Si tu as de belles jambes, porte des habits courts. Si tu chantes bien, rejoints une chorale. Si tu es douée en classe, fais tout pour poursuivre des études universitaires et interviens dans les débats. Les filles, il ne faut surtout pas vous sous-estimer. Soyez fières de vous-mêmes.

Agathe parle d'estime de soi, de découverte de ses atouts et talents. Elle invite les jeunes filles à croire en elles et en leurs capacités. On n'est pas loin des enseignements du grand Omar Khayyam, qui conseille à chacun d'essayer de faire le meilleur usage possible de ce que lui offre la vie.

J'écoutais religieusement les paroles de la stagiaire. Elle ignorait que je connaissais la personne dont elle parlait. Elle disait vrai. Agathe se sentait bien dans sa peau et était toujours droite dans ses bottes. Cette fibre féministe venait de loin. Le lecteur me pardonnera une anecdote en guise d'illustration.

Dans les années soixante et soixante-dix et probablement plus tard, pendant les grandes vacances, entre début juillet et mi-septembre, les étudiants et élèves se donnaient rendez-vous tous les mercredis à la paroisse. Des causeries, animées la plupart du temps par les religieux, précédaient des séances de jeux et de détente. Le tout se terminait par une heure de chants et de danse. C'était des occasions intéressantes pour les jeunes de se connaître et de socialiser. En général, ce sont les plus âgés qui dansaient. Les jeunes ne faisaient qu'observer en attendant leur tour. Un jour, pendant que je bavardais avec d'autres garçons, Agathe quitte ses camarades, se dirige vers notre groupe, me tape sur l'épaule et dit « viens danser ». Pris de court, j'hésite à me lever. Et les garçons de dire « vas-y, ne fais pas le malin, nous savons tous que vous êtes des amis ».

Avec beaucoup de timidité, je me lève et rejoins le groupe qui danse. Sur un petit espace encombré, Agathe me dit : « Pourquoi sont-ce toujours les mêmes qui dansent soi-disant qu'ils sont plus âgés que nous ? C'est inadmissible. Âgé ça commence à quel âge ? J'aime danser. J'aimerais que tous les mercredis, tu m'invites à danser. Si ça ne t'intéresse pas de continuer, tu te rassois après le premier morceau ». Et quand un garçon pressé l'invitait, elle disait « attends que je danse d'abord avec Butare ».

Il en fut ainsi jusqu'à mon départ pour les études en Belgique. Agathe avait contesté le droit des ainés et l'habitude qui voulait que ce soient les garçons qui invitent les filles et jamais l'inverse. Elle dégageait une assurance peu commune pour une jeune fille de son âge. Désormais les jeunes se mêlaient aux plus âgés. Par contre, aucune autre fille n'eut le courage de suivre son exemple pour prendre l'initiative d'inviter un garçon. Agathe n'avait pas appris la lutte pour l'égalité et particulièrement l'égalité des sexes et les droits des jeunes dans des séminaires d'analyse de genre ou sur le féminisme. Elle la vivait chaque jour.

Agathe enseignante dans l'enseignement secondaire

Avant de monter à Kigali, Agathe était enseignante de chimie au Groupe scolaire officiel de Butare (1985-1989). L'enseignement était un secteur refuge pour les universitaires du Sud et les Tutsi. Car comme dirait un personnage du roman de Sony Labou Tansi, « l'enseignement était la seule branche de l'arbre administratif où le moche était moins moche, l'absurde moins absurde, et l'intellectuel moins con[118] ». Agathe était une personnalité très appréciée par la direction, les collègues et les élèves pour sa compétence et sa sociabilité.

Entre autres initiatives, elle avait joué un rôle de premier plan pour conscientiser ses collègues à l'intérêt qu'ils auraient à créer une association d'entraide pour pouvoir réaliser des projets personnels et améliorer leurs conditions de vie. Le crédit bancaire ordinaire n'était accessible qu'aux nantis et aux privilégiés du régime. L'idée fut adoptée, la caisse vit le jour et Agathe en fut un des premiers responsables. Ceux qui ont vu leurs projets se réaliser grâce au crédit sans intérêt lui seront à jamais reconnaissants d'avoir eu cette idée.

Avant d'être affectée dans cette école, Agathe avait bouclé avec succès une licence à la faculté des sciences de l'Université nationale du Rwanda (1983-1985), option chimie-biologie par un mémoire de recherche en phytochimie. Déterminée et organisée, elle avait su concilier sa vie académique avec son rôle de mère, d'épouse et de femme.

D'après un de ses enseignants à l'IPN, « Agathe était une étudiante attentive, posée et calme. Elle se métamorphosa lors de son passage à l'Université nationale du Rwanda et surtout pendant son service comme professeur de chimie au Groupe scolaire de Butare. Elle gagna rapidement en assurance et prit l'habitude d'exprimer ses idées avec force et

---

[118] Tansi, 1983, p. 14

conviction. Elle s'était émancipée, comme on disait dans le temps ».

En reprenant les études de second cycle universitaire, elle avait dû renoncer à son salaire, ce qui avait eu de sérieuses répercussions sur le revenu familial. Mais, grâce à ses capacités de bonne gestionnaire et à la compréhension de son mari, la famille avait pu continuer à vivre décemment du seul salaire de son mari. Cette décision familiale alimenta les commérages et les propos malveillants de mauvaises langues qui ne manquent aucune occasion de s'occuper des choses qui ne les regardent pas. Elles interprétèrent cela comme une preuve de l'égoïsme ou de la domination qu'Agathe exercerait sur son mari. Pour les Rwandais de ce temps, dans pareille situation, la priorité pour continuer les études aurait dû revenir automatiquement à l'homme. Ne leur demandez pas de mettre en exergue l'attitude progressiste de son mari. Difficile à l'époque pour un couple de s'écarter des pratiques sociales en vigueur sans être victime de féroces critiques.

Avant de s'inscrire en licence en sciences, Agathe était professeur de mathématiques et de sciences à l'École sociale de Karubanda de 1976 à 1983. Elle y a laissé la réputation d'une femme de tête, compétente, juste et aimant la vie. Rien d'étonnant, puisqu'elle avait bénéficié d'une formation solide à l'Institut pédagogique national dans la section mathématiques-chimie. Cette formation scientifique combinée avec son background en pédagogie lui conférait des aptitudes requises pour l'enseignement des sciences dans les écoles secondaires. Très peu de gens avaient ce profil. À ce propos, Madeleine Raffin, une enseignante française qui fut sa voisine à Butare à cette période, témoigne :

> L'autre femme de pouvoir que j'eus l'honneur de côtoyer fut la dernière première ministre avant le génocide, Agathe Uwilingiyimana. Lorsque je fis sa connaissance, elle vivait avec sa famille dans une petite maison près de l'aéroport, située sur la même parcelle que celle que j'occupais dans les années 80. Elle enseignait les mathématiques à l'école sociale de Karubanda. Son mari Ignace, enseignait comme moi au petit séminaire de Karubanda, nos rapports étaient de bon voisinage. Ils avaient trois enfants. J'avais toujours vu Agathe menant sa petite vie tranquille et ne faisait pas parler d'elle, jamais je n'aurais pensé qu'un tel destin l'attendait. Avait-elle déjà des visées politiques ? Elle ne nous l'avait jamais dit. Pour moi, c'était une voisine sympathique. Elle nous étonnera plus tard, mais, n'oubliera jamais ses anciennes collègues.[119]

Au milieu des années soixante-dix, je suis presque à la fin de mes études à l'Université catholique de Louvain en Belgique et pense déjà à rentrer au Rwanda. Je reconnais rapidement l'écriture d'Agathe sur l'enveloppe de la lettre dans mon casier. Une longue lettre. Après beaucoup de nouvelles, elle en vient au sujet principal. Elle attend un enfant d'Ignace Barahira et se voit obligée de mettre fin à notre relation. Elle dit qu'elle comprend

---

[119] Raffin, 2012, p. 73

ma déception mais qu'elle espère qu'on restera amis. Je n'en reviens pas. Mon amie et notre ami commun ! Je la relis plusieurs fois pour être sûr d'avoir bien compris. Je range la lettre dans la pile des autres lettres d'Agathe. La fin brutale d'une promesse du temps des rêves.

Après quelques cours manqués, je décide de dédramatiser, de relativiser les choses, d'oublier et de tourner la page. Combien de jeunes n'ont-ils pas vécu ces moments d'angoisse ? J'attends quelques semaines avant de lui répondre. Une très sobre lettre mais qui m'a pris énormément de temps à rédiger. Plusieurs versions ont atterri dans la poubelle. Je voulais être digne et ne pas montrer un signe de faiblesse. Le seul message était de lui dire que j'avais compris et que c'était sans rancune. Après quelque temps d'hésitation, je pris la décision de garder ses lettres et ses photos. C'est cela la vie, avec ses aléas, ses bifurcations et ses rendez-vous manqués. Rien d'exceptionnel en somme dans le parcours de n'importe quel humain.

Son mari, Ignace Barahira, était du même terroir qu'Agathe. Nous avions été dans la même classe au Groupe scolaire de Butare pendant trois ans. Il faisait partie d'un groupe de quatre séminaristes que Monseigneur Gahamanyi, évêque de Butare, avait déplacés du petit séminaire pour les envoyer poursuivre les études dans un autre établissement scolaire. C'était un bon élève, bien ordonné et extrêmement propre. Contrairement à ce que les gens disaient, il n'était pas si introverti que ça. Il s'exprimait peu en présence des gens qu'il connaissait peu ou pas, mais il lançait beaucoup de vannes avec les familiers. Sa compagnie était agréable, surtout pour qui sait saisir l'humour au second degré. À mon retour au Rwanda, il nous arrivait parfois de nous croiser et de partager une bière. Nous échangions des banalités, des nouvelles de nos condisciples au Groupe scolaire de Butare ou des originaires de Kansi et Nyaruhengeri. Jamais nous n'avons parlé d'Agathe.

Pendant les quatre ans que j'ai vécus à Rubona et les deux ans à Butare, je n'ai croisé Agathe que quelque fois et brièvement. Nous ne fréquentions pas les mêmes milieux. Elle était dans l'enseignement, moi dans la recherche agricole. Je fréquentais plus les expatriés, surtout des Canadiens et des Belges, que les Rwandais. Malgré cette absence de contacts, certains de nos amis d'enfance me charriaient en parlant d'elle pour tester ma réaction. J'avais remarqué que souvent ils parlaient de *Kaberuka*[120]. Je ne comprenais rien car le répertoire de l'orchestre Impala ne m'était pas familier. Plus tard, j'ai su que c'était de moi qu'il s'agissait. Ma seule réaction fut de rigoler. Impossible de me soutirer un quelconque commentaire sur le passé profondément enfoui. J'imagine qu'ils en faisaient de même pour Agathe. Mais cela ne revêtait plus aucune importance.

---

[120] Référence à une chanson de l'orchestre Impala qui racontait les mésaventures d'un garçon qui s'était fait piquer sa copine par un certain Kaberuka qui se trouvait être son meilleur ami.

Ma mère fut la seule personne qui a pu m'arracher quelques mots sur la fin de la relation. Un jour, elle me dit qu'elle avait appris que la fille pressentie pour être sa future belle fille s'était mariée à l'église de Kansi. Je lui dis que c'était vrai. Qu'elle était enceinte et qu'elle ne pouvait plus continuer avec moi. Et ma mère de dire : « En Kinyarwanda on dit *Zikama abahali* ». C'est celui qui est présent qui traie les vaches et récolte le lait. Autrement dit, les absents ont toujours tort ou la vie n'attend pas les absents.

Son royaume d'enfance

Agathe, la fille de Juvénal Ntibashirakandi and Xavérine Nyirantibangwe est née le 23 mai 1953 à Muhororo sur la colline de Nyamure dans ce qui était en ce moment le territoire d'Astrida. Après l'indépendance en 1962, dans un nouveau découpage administratif, Nyamure sera intégré dans la commune de Nyaruhengeri. C'est pourquoi, elle est plus connue sous cette identité.

Son père lui donna un nom à connotation théosophe : Uwilingiyimana. Qui signifie : « Sous la protection de Dieu. Qui a confiance absolue en Dieu ». Comme le veut la tradition rwandaise, ce nom fut donné très probablement suite aux circonstances de l'accouchement ou en réaction à l'état des relations avec le voisinage. Situé à un jet de pierre de la frontière avec le Burundi, la colline natale jouxtait un vaste marais à papyrus appelé Cyamwakizi. Gorgé d'eau et de matières organiques en décomposition en tout moment de l'année, il suffisait de poser ses pieds quelque part pour voir la fange bouger à des dizaines de mètres plus loin. On aurait dit un vaste radeau flottant. Petit à petit, ce réservoir d'eau et de biodiversité s'est rétréci comme une peau de chagrin. L'accroissement démographique a poussé à sa mise en culture accélérée et les changements climatiques ont fait le reste.

L'année de la naissance d'Agathe, naissaient deux autres illustres personnalités, Melchior Ndadaye et Benazir Boutho, qui, comme elle, atteindront les sommets de l'État respectivement au Burundi et au Pakistan et mourront assassinées, plus tard.

En 1953, le Rwanda était encore sous la tutelle de la Belgique qui administrait le pays pour le compte de l'Organisation des Nations unies. À cette période, le monde bouge. Le mouvement de libération nationale pour l'indépendance a commencé. L'URSS a déclaré l'année 1953 celle du soutien à l'indépendance des peuples colonisés d'Afrique et d'Asie.

Partout en Afrique, les autorités coloniales (britanniques, françaises, belges, portugaises) sont prises de panique et recourent à la répression. Ainsi, au Kenya, les Anglais condamnent Jomo Kenyatta à sept ans de prison pour sa participation à l'organisation de la révolte des Mau Mau, le 8 avril. En Ouganda, le 30 novembre, Kabaka Mutesa II, Chef suprême des Baganda, est exilé pour deux ans. Ses partisans créent une organisation dénommée Kabaka Yekka, pour le soutenir. L'état d'urgence est déclaré. En Guinée, les indépendantistes organisent une grande grève du 21 septembre au 25 novembre. Au Ghana, le grand Kwame Nkrumah organise le VIᵉ Congrès panafricain à Kumasi du 4 au 6 décembre. Agathe est née sous le signe de la révolte contre l'injustice et pour la libération des opprimés !

Dans ce bouillonnement continental, le Rwanda semble calme. Le calme avant la tempête de 1959 qui vit des milliers de ses enfants tutsi fuir de graves violences et tueries à caractère ethnique pour s'installer principalement en Ouganda, au Burundi et à l'est du Congo. En Ouganda, ils rejoignaient quelques 200 000 réfugiés économiques, en majorité Hutu, arrivés dans le sud pendant la période coloniale fuyant la corvée et autres taxes imposées par les colonialistes belges.[121]

En 1953, le Rwanda est loin d'être le mythique pays de lait et de miel. Les conditions de vie y sont très dures et les revenus des familles sont dérisoires. Les mille collines sont couvertes de huttes minuscules aux toits en paille servant de logis à des familles de six enfants, en moyenne.

Agathe est issue d'une famille modeste de sept enfants. Comme la très grande majorité des familles, les parents d'Agathe s'adonnent aux activités agricoles. La pénibilité du labourage et du sarclage alterne avec le bonheur de la germination et de la récolte. Deux repas par jour. Tout le monde est végétarien, par obligation. On ne mange la viande que deux ou trois fois par an. En tout et pour tout,

---

[121] Otunnu, 1999

les enfants n'ont que deux habits : un pour les travaux domestiques et un autre pour l'école. Cette situation n'est pas vécue comme un drame. Elle est le lot de tous les villageois et la famille d'Agathe est loin d'être la moins lotie. Cet environnement plutôt austère n'empêche pas les gens de vivre dignement, de croire en l'avenir et d'espérer qu'un jour leurs enfants réussiront à échapper à la dureté des temps qui les étouffe.

La famille d'Agathe fait partie de 60 000 migrants que les autorités coloniales belges installèrent au Nord Kivu entre 1949 et 1955. Une première migration assistée par les Belges avait déjà installé 25000 Banyarwanda dans le même territoire entre 1937 et 1945.

Mais l'expérience ne réussit pas et la famille revint sur ses pas en 1957. Ces migrations et d'autres facteurs endogènes antérieurs et postérieurs auront des répercussions importantes dans les malheurs que les habitants du Nord Kivu vivront plus tard, depuis la dernière décennie du 20ème siècle. Les Belges croyaient bien faire en désengorgeant le Rwanda, mais ils créaient une situation qui se révélera désastreuse des décennies plus tard. Quelle malencontreuse idée d'installer des Banyarwanda sur le territoire dont le Rwanda avait été amputé par les accords iniques entre puissances coloniales en 1910 !

En 1960, malgré cette vie de dur labeur, les parents eurent la bonne idée de mettre Agathe à l'école primaire de Gikore d'abord et de Kansi par la suite. D'après tous ceux et celles qui l'ont connue, c'était une enfant extravertie qui participait beaucoup aux jeux, une élève brillante et courageuse. Quelle endurance pour une enfant de 12 ans, de parcourir chaque jour, à pieds et sans chaussures, 10 kilomètres à l'aller et 10 kilomètres au retour ! De monter et descendre des sentiers en pente raide, tantôt boueux et glissants, tantôt poussiéreux, qui serpentent le long des collines et des vallées parfois couvertes d'un brouillard épais.

Quand il pleuvait et il pleuvait souvent des cataractes entre septembre et décembre et entre mars et juin, les élèves étaient trempés jusqu'à la moelle. Arrivés à la maison, ils essoraient les vêtements mouillés et les pendaient sur une sorte de treillis (*urusenge*) situé au-dessus du foyer pour les sécher et les enfiler le lendemain à l'aube et reprendre le même chemin. Aucun prétexte n'était toléré pour s'absenter de l'école. C'était une donnée qu'il fallait intégrer dans son comportement et faire avec.

L'imagination prodigieuse des enfants faisait mieux en transformant les flaques d'eau boueuse en espace de jeux, au grand dam de la propreté corporelle et celle des vêtements. Les écoliers étaient loin d'imaginer que ce milieu était colonisé par des milliards de microbes et autres parasites dont certains représentaient un grand danger pour leur santé. Nés dans ces conditions, les organismes des enfants développaient rapidement une forte immunité naturelle qui leur procurait de la résistance à une grande diversité d'agressions.

Inutile de préciser que les plus fragiles mourraient en bas âge.

Il arrivait qu'une pluie diluvienne surprenne les enfants assez loin du domicile familial. Impossible de continuer son chemin dans ces conditions. La solution naturelle est de demander l'abri chez un habitant. Il n'est pas nécessaire de le connaître. Une famille sera toujours disposée à héberger et restaurer un enfant sans poser la moindre question. Rien d'extraordinaire, en somme. C'était une pratique normale et banale avant que l'argent ne gâte et ne gouverne la vie et les relations humaines. La fraternité et l'altruisme entre humains avaient encore un sens.

À l'école comme en famille, Agathe est très assidue et n'a que des éloges. Il est difficile de comprendre d'où naissait cette forte envie d'apprendre pour des enfants nés et grandissant dans des maisons qui ne comptent pas un seul livre, pas un seul journal. Le seul papier imprimé disponible était la feuille d'identité des parents et les reçus attestant que les mâles de plus de dix-huit ans ont payé l'impôt *per capita* imposé par l'administration coloniale. Cette pratique coloniale inéquitable, frappant tous les hommes sans distinction, persistera longtemps après « l'indépendance ». Je me souviens des rafles opérées par la police communale contre les pauvres ou les récalcitrants ayant failli à cette obligation de payer l'équivalent de trois dollars US par an ! Ne pas pouvoir payer l'impôt était considéré comme une sorte de déchéance sociale. Un jeune célibataire se trouvant dans ce cas risquait beaucoup de ne pas trouver une jeune fille à marier. Quelle famille accepterait-elle de donner sa fille à un indigent ?

Les parents d'Agathe lui ont communiqué le goût de l'effort et du travail bien fait qui lui permettront de réussir facilement l'examen de passage du primaire au secondaire pour être admise au Lycée Notre Dame de Cîteaux, sise à Kigali, la capitale, en 1966. À cette époque, les places au secondaire étaient fortement limitées, particulièrement pour les filles. Une proportion infinitésimale d'entre elles passait à travers le tamis d'une sélection drastique et injuste.

Pour elles, le cours de la vie changeait radicalement. Ce passage équivalait au passeport pour la vie. Avec un peu d'application et de discipline, finie la dure condition de paysanne. La vie où l'on passe de l'enfance à la vie de femme, sans transition. Tous les jours, tôt levée à 4h du matin. L'échine courbée à gratter une terre à fertilité douteuse pendant des heures et des heures. Maternités risquées et épuisantes qui se succèdent sans discontinuer. Prendre soin de sa nombreuse progéniture tout en supportant les fortes exigences du mari, de la famille élargie et de la société en générale. Fini tout cela.

Ouverte est la perspective d'un emploi, d'agent de l'État avec un salaire garanti et à vie, avec aide domestique et autres personnes à son service. Dans pareille circonstance, les envieux disaient que la jeune fille entrait désormais dans le monde des Blancs (*abazungu*), c'est-à-dire des privilégiés. Et les parents surveillaient leur rejeton comme du lait sur le feu, de peur qu'il ne soit victime d'empoisonnement ou autres maléfices de la part des voisins jaloux de sa future réussite.

Pourquoi les parents, même de conditions modestes comme ceux d'Agathe, ne se saigneraient-ils pour s'acquitter des frais de scolarité et satisfaire aux autres exigences de l'école ? Beaucoup de sacrifices mais pour un investissement plus que rentable. À peine sortie de l'école secondaire, la jeune fille se devait d'améliorer les conditions de logement de ses parents, les aider dans l'éducation des frères et sœurs et prendre en charge d'autres obligations sociales. Agathe paiera rapidement sa dette de reconnaissance envers sa famille. Elle continuera à s'en acquitter jusqu'à son assassinat.

De ce temps, beaucoup de Rwandais considéraient le Lycée Notre Dame des Cîteaux comme la meilleure école pour filles. Tenue par les Sœurs Bernardines, la formation scolaire s'accompagnait d'une formation morale et d'une discipline rigoureuse. Ne pensez surtout pas aller en classe le matin avant d'avoir nettoyé le dortoir et les toilettes et fait correctement son lit. Tard dans l'après-midi, à la fin des cours, pas question d'esquiver les activités sportives ou récréatives.

Les mercredis et samedis, participation obligatoire aux activités d'un des mouvements de jeunesse : Xaveri, Jeunesse ouvrière catholique, Guides, St Vincent de Paul, etc. Et le soir, toutes, ensemble dans la salle de cinéma. Dimanche matin, la messe obligatoire dans la chapelle de l'école.

Toute la vie se passe entre les murs de l'internat. Une seule sortie toutes les deux semaines pour une promenade encadrée par une surveillante plus que vigilante. De peur que ces adolescentes ne fassent de mauvaises rencontres !

À la fin des trois premières années (alors appelées Tronc Commun), Agathe s'orienta vers la section dite Normale ou pédagogique d'où elle sortira avec distinction en 1973. C'est dans cette école qu'une part de son caractère s'est forgée. En plus d'être brillante dans les matières scolaires, elle était passionnée par les sports : basketball et volleyball. Mais ce qui était le plus frappant c'était son goût immodéré pour la musique et la danse. Elle connaissait pratiquement toutes les chansons (françaises surtout) de l'époque. Elle s'essayait à jouer de la guitare. Comme autre activité extrascolaire, elle participait activement aux œuvres caritatives au profit des malades et des pauvres. Dans ses lettres et pendant les vacances, elle en parlait très souvent.

Un jour pendant les vacances, elle me dit :

— Je pense que plus tard, il faudra que je me mette sérieusement à faire de la musique.

– Pourquoi ?

– Parce que c'est le seul métier où tu te fais plaisir tout en procurant de la joie aux autres.

Je ne comprenais rien à ce charabia. J'étais loin de m'imaginer que la musique pouvait être un métier. Pour moi métier c'était médecin, vétérinaire, fonctionnaire, enseignant, comptable, ou quelque chose de ce genre. Donner de la joie aux autres !

Mais qu'est-ce que cela veut dire ? J'aurai préféré qu'elle parle de maths ou de sciences, de ses profs ou de ses camarades. C'était plus facile pour moi. En avance sur son temps, Agathe avait déjà découvert un des principes fondamentaux de la vie : son propre bonheur est lié à celui de l'autre. Être heureux du bonheur des autres. Elle aimait les gens.

Un certain dimanche, je croise Agathe dans la cour de l'église de Kansi. Nous bavardons au milieu d'autres adolescents et puis subitement elle dit : « C'est récemment que j'ai su que tu as été le premier à l'examen national de fin du Tronc Commun. Premier parmi les élèves de tout le pays ! Je suis fière de t'avoir comme ami ». Je ne me rappelle plus ce que j'ai bafouillé. Je ne m'attendais pas à ça. En réalité, je ne réalisais même pas que nous étions des amis. Camarades eut été, peut-être, plus approprié. On se connaissait depuis un certain temps. Nous échangions des propos candides d'enfants ou plutôt d'adolescents, toujours en groupe.

Au retour des vacances, je me surpris en train de penser à Agathe et pris mon courage à deux mains pour lui écrire un mot. Je lui disais simplement que j'étais également fier qu'elle soit mon amie et que j'espérais que cela allait continuer. Cette amitié a duré malgré les vicissitudes du temps et les bifurcations des trajectoires personnelles. C'est certainement cette amitié qui l'avait poussée à chercher à me rencontrer quelques jours avant que les assassins ne l'arrachent à la vie. C'est cette même amitié qui m'a décidé à parler d'elle. Elle est une part de l'histoire du Rwanda. Puissent les générations à venir continuer à s'en souvenir.

Acronymes

ANT	Assemblée nationale de transition
CDR	Coalition pour la défense de la République
CND	Conseil national de développement
DGB	Développement global de Butare
ESM	École supérieure militaire
FAR	Forces armées rwandaises
FAWE	Forum des éducatrices africaines (*Forum for Women African Educationalists*)
FDC	Forces démocratiques de changement
FMI	Fonds monétaire international
FPR	Front patriotique rwandais
FRODEBU	Front pour la démocratie au Burundi
GTBE	Gouvernement de transition à base élargie
IPN	Institut pédagogique national
MDR	Mouvement démocratique républicain
MINIMART	Ministère du commerce, de l'industrie et de l'artisanat
MINUAR	Mission des Nations unies pour l'assistance au Rwanda
MRND	Mouvement républicain national pour le développement et la démocratie
ONU	Organisation des Nations unies
OPROVIA	Office rwandais des produits vivriers et animaux
ORINFOR	Office rwandais de l'information
PARMEHUTU	Parti du mouvement de l'émancipation hutu

PDC	Parti démocrate chrétien
PL	Parti libéral
PMD	Premier ministre désigné
PNUD	Programme des Nations unies pour le développement
PSD	Parti social démocrate
RADER	Rassemblement démocratique rwandais
RFI	Radio France internationale
RTLM	Radio télévision libre des mille collines
TPIR	Tribunal pénal international sur le Rwanda
UNAR	Union nationale rwandaise
UNR	Université nationale du Rwanda
URSS	Union des républiques socialistes soviétiques

Références

Assises Rwanda : compte rendu intégral du procès. (2001). 6.3.18. Audition des témoins : le témoin 143 et commentaires de Vincent Ntezimana et d'Eugène Seminega. Bruxelles. http://assisesrwanda2001.org/060318.html

Assises Rwanda : observation du procès de Bernard Ntuyahaga. (2007). Bruxelles. www.legal-tools.org/doc/8a8e46/pdf ou http://francegenocidetutsi.org/Chronique7.pdf

Ba, Mehdi. (2013, 14 juin). Mbaye Diagne, le héros sénégalais du génocide rwandais. *Jeune Afrique*. www.jeuneafrique.com/170256/politique/mbaye-diagne-le-h-ros-s-n-galais-du-g-nocide-rwandais

Bertrand, Jordane. (2000). *Rwanda, le piège de l'histoire : l'opposition démocratique avant le génocide (1990-1994)*. Paris : Karthala.

Beyala, Callixte. (1999). *Amours sauvages*. Paris : Albin Michel.

Black, Christopher. (2006). *Who killed Agathe? The death of a prime minister*. www.whale.to/c/who_killed_agathe.html (pas cité)

Booh Booh, Jacques-Roger. (2005). *Le patron de Dallaire parle : révélations sur les dérives d'un général de l'ONU au Rwanda*. Paris : Duboiris.

Dallaire, Roméo. (2003). *J'ai serré la main du diable : la faillite de l'humanité au Rwanda*. Montréal : Libre expression.

Debré, Bernard. (2006). *La véritable histoire des génocides rwandais. Rwanda : dix ans après*. Paris : Jean-Claude Gawsewitch.

De Brouwer, Alain. (1993, 2 septembre). Un putsch au MDR menace la paix au Rwanda. *La Libre Belgique*.

De Gaulle, Charles. (1969). *Mémoires de guerre : le salut (1944-1946)*. Paris : Plon.

Feuille, Vanadis et Deldique, Pierre-Edouard. (2006). *Mission d'étude sur le Rwanda : analyse du contenu des journaux Afrique de RFI (2 octobre 1990 - 18 juillet 1994)*. https://en.calameo.com/books/00000636521 84a2fcf3f5

Forum for African Women Educationalists (FAWE-Rwanda Chapter). (2000). *Agathe Uwilingiyimana, the rebel: A biography of the former Rwandese prime minister assassinated on 7/4/1994*. Kigali et Nairobi : FAWE. http://sciencespolitiquesrwandaises.fr/wp-content/uploads/2017/04/BIOGRAPHIE-DAGATHE-UWILINGIYIMANA-UMUTABAZI-WA-DEMOKRASI.pdf (pas cité)

France, Pierre Mendès (1955). *La crise de la démocratie : discours prononcé... à Évreux le 23 juillet*. Paris : Schmidlin.

Gasana, Anastase. (1992, 14 mai). *Dossier « Interahamwe za muvoma » ou « Les irréductibles du*

M.R.N.D. » : essai de déracinement du mal. Document de travail pour le comité directeur du MDR (strictement interne). http://francegenocidetutsi.org/RapportMDRI nterahamwe6octobre1994.pdf

Gatali, Jean-Baptiste. (2000). *Recherche sur les raisons de la non scolarisation des filles au Rwanda.* Kigali : Pro-Femmes/Twese Hamwe et Fonds des Nations unies pour la Population.

Guichaoua, André (Dir.). (1995). *Les crises politiques au Burundi et au Rwanda (1993-1994) : analyses, faits et documents.* Paris : Karthala.

Guichaoua, André. (2005). *Rwanda 1994 : les politiques du génocide à Butare.* Paris : Karthala. https://books.google.co.ke/books?isbn=2811 139796

Guichaoua, André. (2010). *Rwanda, de la guerre au génocide : les politiques criminelles au Rwanda (1990-1994).* Paris : Découverte.

Gurnah, Abdulrazak. (2006). *Près de la mer* (traduction de *By the Sea*, par Sylvette Gleize). Paris : Galaade.

Higiro, Jean Marie Vianney. (1999). Histoire immédiate du Rwanda : remonter directement aux sources. *Dialogue,* (212), 19-38. www.rwandadocumentsproject.net/gsdl/collec t/mil1docs/index/assoc/HASH0106/2444ad0 1.dir/doc34907.pdf

Kagame, Alexis. (1972). *Un abrégé de l'ethno-histoire du Rwanda.* Butare : Editions Universitaires du Rwanda.

Karemera, Edouard. (2006). *Le drame rwandais : les aveux accablants des chefs de la Mission des Nations unies pour l'assistance au Rwanda.* Lille : Sources du Nil.

Lugan, Bernard. (2004). *Rwanda : le génocide, l'église et la démocratie.* Monaco : Rocher.

Lugan, Bernard. (2007). *Rwanda : contre-enquête sur le génocide.* Toulouse : Privat.

Maalouf, Amin. (2006). *Adriana Mater.* Paris : Grasset.

Marchal, Luc. (2001). *Rwanda, la descente aux enfers : témoignage d'un peacekeeper (décembre 1993 - avril 1994).* Bruxelles : Labor.

Mpiranya, Protais. (2010). *Rwanda, le paradis perdu : les derniers secrets de l'ex-commandant de la garde présidentielle de J. Habyarimana.* Lille : Sources du Nil.

Munyarugerero, François-Xavier. (2003). *Réseaux, pouvoirs, oppositions : la compétition politique au Rwanda.* Paris : Harmattan.

Musabyimana, Gaspard. (2008). *Rwanda, le triomphe de la criminalité politique.* Paris : Harmattan.

Nahimana, Ferdinand. (2007). *Rwanda : les virages ratés.* Lille : Sources du Nil.

Ndahayo, Eugène. (2000). *Rwanda : les dessous des cartes.* Paris : Harmattan.

N'Dongo, Mamadou Mahmoud. (2012). *Remington.* Paris : Gallimard.

Ngirabatware, Augustin. (2006). *Rwanda : le faîte du mensonge et de l'injustice.* Lille : Sources du Nil.

Nkuliyingoma, Jean-Baptiste. (2013). *Rwanda, le pouvoir à tout prix : d'une dictature à une autre*. Paris : Harmattan.

Nsengiyaremye, Dismas. (1993, 10 septembre). *Pour le respect des accords de paix d'Arusha et le succès du processus démocratique au Rwanda*. Bruxelles. www.mdrwi.org/rapports%20et%20doc/mdr/respect%20acords%20arusha.htm

Ntilikina, Faustin. (2014). *Rwanda, les forces armées : répondre à l'histoire*. Bruxelles : Scribe.

Ntiwiragabo, Aloys. (1997, 14 mai). *Investigations sur l'assassinat du premier ministre Madame Agathe Uwilingiyimana, le 07 avril 1994*. Nairobi. http://editions-sources-du-nil.fr/Photoshop/Aloys_Ntiwiragabo_Investigations_sur_l_Assassinat_du_Premier_Ministre_Agathe_Uwilingiyimana_le_07_Avril_1994.pdf

Ntiwiragabo, Aloys. (1997, 20 mai). *Témoignage sur l'assassinat des 10 casques bleus belges au camp Kigali le 07 avril 1994*. Nairobi. www.editions-sources-du-nil.fr/Photoshop/Aloys_Ntiwiragabo_Temoignage_sur_l_assassinat_des_dix_casques_bleus_belges_au_camp_Kigali_le_07_avril_1994.pdf

Ntiwiragabo, Aloys. (2018). *Rwanda, le mal de la région des grands lacs : de la guerre d'octobre 1990 au génocide des réfugiés 1996-2002*. Bruxelles : Scribe.

Otunnu, Ogenga. (1999). Rwandese refugees and immigrants in Uganda. Dans H. Adelman et A. Suhrke (Dir.), *The path of genocide: The Rwandan crisis from Uganda to Zaire* (p. 3-29). Londres : Transaction. https://books.google.co.ke/books?isbn=1412 838207

Pender, Robin. (1997). Understanding central Africa's crisis. Dans *Rwanda: The great genocide debate* [conference papers and transcriptions, 27 July]. Londres : Africa Direct.

Raffin, Madeleine. (2012). *Rwanda, un autre regard : trois décennies à son service.* Lille : Sources du Nil.

Renzaho, Tharcisse. (2015). *Rwanda, la bataille de Kigali du 6 avril au 4 juillet 1994 : le calvaire de la population de Kigali pendant le génocide en 1994.* Lille : Sources du Nil.

Reyntjens, Filip. (1994). *L'Afrique des grands lacs en crise : Rwanda, Burundi 1988-1994.* Paris : Karthala. Extrait : https://docplayer.fr/76314679-Filip-reyntjens-l-afrique-des-rands-lacs-rwanda-burundi-in-crise-rarthata.html

Ruhigira, Enoch. (2011). *Rwanda : la fin tragique d'un régime. Volume 1, Le legs démocratique gaspillé.* Orléans : Pagaie.

Sitbon, Michel. (1998). *Un génocide sur la conscience.* Paris : Esprit frappeur.

Tabaro, Jean de la Croix. (2014, 5 mai). Agathe Uwiringiyimana: A heroine unfortunate to have lived in evil era. *The New Times.* www.newtimes.co.rw/section/read/75086

Tansi, Sony Labou. (1983). *L'anté-peuple.* Paris : Seuil.

Témoignage de Faustin Twagiramungu devant la cour d'assises pour y être entendu dans le cadre du procès du major Ntuyahaga, 8 juin 2007. Chroniques judiciaires, Assises Rwanda, 2007.
http://jkanya.free.fr/faustin.html

Printed in the United States
By Bookmasters